UnRead
–
生活家

THE
SCHOOL
OF LIFE

On Being Nice
-
人生学校

美好的品格

〔英〕人生学校 编著

陈鑫媛 译

北京联合出版公司
Beijing United Publishing Co.,Ltd.

目 录

On Being Nice

美好的品格

大多数想为我们带来改变的书都力求让我们更富有或更苗条，而这本书想帮助我们变得更善良，少发怒、多容忍、多倾听、更热心、少急躁……善良可能不像金钱或名声一样有直接的诱惑，但它仍是一种极为重要的品质，一旦忽视，我们就会自食其果。本书指引我们领略关于善良的未知风景，温和地带领我们了解这个被遗忘的品质所具有的关键内容。我们知道如何宽厚待人、如何不咎既往、如何举止自然、如何安抚人心。我们知道善良与强大并不相悖，善良也绝不是天真的代名词。善良应当被看作人类所有成就中最崇高的一项。

第一章
善良的危机

一　善良代表软弱

　　几个世纪以来，基督教一直是塑造我们知识视野的最强大的力量之一，并且深深致力于在全世界范围内推广善良。基督教凭借细腻的审美标准以及丰富的脑力资源，在赞美诗中歌颂宽恕、慈善、温柔以及怜悯。

　　但不幸的是，基督教对善良的看法并没有就此打住。基督教认为，善良与成功之间可能存在绝对的对立。基督教告诉信徒，成功人士无一善类，而善良的人无一可以出人头地。似乎要想进入天国，只能从善良和成功中选其一。

　　对任何健康状况不佳、心怀俗世抱负之人而言，这种对立关系都大大降低了善良的吸引力。也许基督教一直力求教导信徒热衷善良，但其又将善良与失败如此紧密地联系在一起，信徒会因而觉得对善良这种品质感兴趣的多半是失败者。

二　善良代表沉闷

在过去的两百年间，我们深受浪漫主义这场文化运动的影响。对浪漫主义者而言，值得赞扬的人都是令人兴奋的人，如那些感情强烈、创意十足、活泼多变、自然率直的人，也可能是那些在追随内心呼唤时颠覆传统、敢说敢做，甚至恣意放肆的人。

对浪漫主义而言，与上述英雄人物全然不同的是那些温和得体、谨慎保守、低调安静之人，换言之，沉闷乏味的人。在这里，我们不得不再次做出一个极端的选择：一个人，要么热情如火、变幻莫测、才华横溢，要么温顺保守，一到晚上九点钟就上床休息。

三 善良导致破产

资本主义在对善良的指控书上又添上一项罪状。资本主义把世界理解为一个竞争激烈的舞台，舞台上满是冷酷、决绝和焦躁，所有的公司都为了获得市场份额而投身于不断的竞争中。胜者不得不学会如何不带一丝感情地破坏竞争、管理员工。善良的人不愿意压榨员工或者智取对手，最终要么破产，要么在邮件收发室里谋得温饱。

四　善良有失情趣

与善良有关的最后一种联想带有更多的个人情感：善良令人有失情趣，因为使我们吸引人的特质与狂野、霸道、大胆紧密相关，而与善良所表现出的温柔、安逸全然不同。令人尴尬的抉择又一次出现：要么与善良的朋友一起逛公园，要么与危险的伙伴一起身陷囹圄。

尽管上述四种文化趋势给善良带来了不好的影响，我们仍然十分喜欢善良，甚至更加依赖善良。只不过，我们对善良的真实记忆被我们的文化所抑制，身处这种文化当中，我们会认为对善良施以赞许是不明智的。这种想法其实是不合理的。所有我们认为与善良相对的品质其实都与善良高度相融，有时还深深依附于善良。

无论我们多想成功，在很长一段人生时光里，我们都是极其脆弱的生物，完全需要他人的怜悯。我们能够成功，只能是因为他人——常常是我们的母亲——用自己生命中的大把时光善待我们。

至于激情，就如同其他为人类认知做出真正贡献的事物一样，也不过是昙花一现般的东西。安静的时光、日常的琐事、规律的作息才是不断带来创新的先决条件。想要生活时刻充满激情，是无用至极的要求。

就资本主义而言，它可能会鼓励企业之间的竞争，但是这种竞争基于企业内部的合作。缺少信任和感情纽带的企业，无一能长久经营下去。让企业老板感到沮丧的是，金钱不能保证员工在愈加复杂的经济环境中为公司卖力，唯有企业内部的价值与伙伴情谊能够如此。

最后，欢愉之际的孟浪把戏只有在相互信任的条件下才触人心弦。我们也许会幻想与一个霸道的床伴共度春宵，但当这一刻真正来临时我们仍会心生恐惧。我们需要认清这个人底子里是善良的，然后才会在对方用绳子或说粗口来增加情趣时产生兴致。

我们珍视的许多品质其实都蕴藏在善良里，而且没有冲突。我们可以善良且成功、可以善良且激情、可以善良且富裕、可以善良且勇猛。善良这种美德有待我们重新发现，有待我们用一种崭新的、不带矛盾的方式去领悟。

第二章
何为真正的善良

一　慈善是什么

慈善最基本的含义是向他人提供所需却不得的东西。这通常被理解为物质层面的捐赠，我们绝大多数人都会把慈善与捐款联系在一起。

基督教 [1] 圣人便是捐赠物质类慈善的典范。圣方济各在城外路遇一个衣衫褴褛的穷人，严冬将至，但厚外套对穷人而言十分昂贵。圣方济各善心大发，将自己的斗篷赠给了穷人。

但是在本质上，慈善远远超出金钱的范畴。在与同事、朋友、家人的相处中，慈善也尤为重要。往往，我们缺失的是一种对慈善的理解，即用善良的方式看待软弱、怪癖、焦虑以及愚笨。我们都会表现出这些状况，

---

[1] 原文为"Christianity"，包括天主教、东正教与新教，在中国，基督教所指的常常是新教。圣方济各为天主教圣人。

但得不到直接的同情。

慈善的灵魂能解释我们平日的表现是出于什么原因：它十分了解我们的过去，能够想象出我们的不耐烦、过度的野心、轻率、顺从都出自何处。它记下我们与父母相处时的点滴，以及迁居另一个国度的经历。它描绘出的"乞怜者"形象带有十足的慷慨与复杂性，而不会让我们像通常那样，将其视为"傻瓜""怪胎""输家""废物"。

真正的慈善人士慷慨施舍，是因为他们认为自己也会需要施舍。他们的需求不在此刻，也不在此物，而在其他方面。他们知道，自以为是不过是因为记忆出现了偏差，不过是记不得人们经常错得多么一塌糊涂、显而易见，这一点可以出现在一个完全正确的、十足的好人身上。

慈善提醒人们，罪大恶极之人可能仍存有善良。慈善提醒人们，一个人疲惫不堪、心力交瘁之时，很有可能会行为不当。慈善让人们明白，一个人口出污言时通常不是在表达自己的真情实感，而是在试图伤害他人，因为他们觉得自己受到了伤害——这种伤害通常是由他们无力反击的人造成的。

慈善意在将大事化小，如此方能稍稍减轻我们的愚蠢带来的后果。

在经济问题上，慈善总是单向的。慈善家也许十分慷慨，但是他们通常都很富裕，一向都是捐赠者而非受助者。但是，综观生活，尤其在人际交往方面，慈善不可能是单向的：弱者与强者间的身份会频繁互换。很有可能你在这个领域是资助人，而在另一个领域则变成了受助人。因此，我们保持善意不仅仅是因为我们为他人的痛苦动容，也因为我们懂得，我们时刻都有可能需要同等的善意来渡过生命中的难关。

二　优点的缺陷

为了帮助自己努力做到善良，思考优点的缺陷这一理论会对我们大有裨益。朋友、同事、伴侣的缺点深深烦扰着我们。我们因为他们的技艺与优点而靠近他们，但在相处一段时间之后，决定我们对其看法的很可能会是他们性格中令我们失望的一面。

我们审视他们的缺陷，好奇他们为什么会这样。为什么这么慢？为什么这么不靠谱？为什么这么不擅长解释事物、说故事？为什么不能直面坏消息？更糟糕的是，我们觉得他们本可以改变——只要他们愿意改变，只要他们没有这么刻薄，只要……

优点的缺陷这一理论认为，他人身上具有吸引我们的某些优点，而这些优点会带来一定缺陷，我们应力图把这些缺陷视作不可避免的消极面，如此，便能从其他方面获益（而这些益处暂时还不太明晰）。我们所见的并非他们的缺陷这么简单，而是他们所具有的优良品质的阴暗面。我们察觉到这些缺陷源自他们的优点。如若我们把优缺点分别列成清单，就会发现几乎每项优点都能与缺点挂上钩。

十九世纪七十年代，美国小说家亨利·詹姆斯住在巴黎，与同住在巴黎城区的俄国著名小说家伊凡·屠格涅夫私交甚好。屠格涅夫从容不迫、笔调冷静的文风深深打动了詹姆斯，屠格涅夫显然在每个句子上都花费了大把工夫，不断权衡、修改、润色，臻于至善。这种写作方式体现了他野心勃勃、振奋人心的特点。

但在私人生活和社交场合中，同样的特点却让屠格涅夫惹得同伴大为光火。有一次，有人邀请他参加午宴，赴宴前一天，他写了一封信向对方表明自己无法如期赴宴。但是，没过多久，他又写了一封信表达自己多么期待和对方共进午餐，而且两个小时之后就到。安排任何与他有关的事务都像是一场噩梦，但是他在社交场合中的摇摆不定，恰巧就是他作为一位吸引人的作家所具有的品质的体现。他还是同样不慌不忙，还是同样在最后时刻才做出抉择。

这种品质能让他创作出绝妙的作品，也能让他在餐宴上制造混乱。细思屠格涅夫的个性，詹姆斯认为，屠格涅夫展现的是"优点的缺陷"。

这个理论是这样的：人的每个优点都内含一种固有的缺陷。不可能存在没有缺陷的优点。每种美德都有各自的缺陷。一个人身上不会具备所谓完美的品质。

这个理论能帮助我们在遇到特殊的危机时保持心神冷静，因为它改变了我们看待他人瑕疵、失败与缺陷的方式。我们的大脑往往会把优点与缺陷分开来看，把优点看得至关重要，而把缺陷看成畸形的附加物。但是，缺陷其实是优点的一部分。

这个理论有效地打击了一种无益的想法，即只要我们更努力地寻觅，我们就会找到完美的伙伴。如果优点不可避免地要与缺陷相联系，那么就根本不会存在完人。

我们可能会找到有着不同优点的人，但是他们也有一堆的缺陷。花点时间提醒自己完美的人根本不存在，总是会让人心神镇定。

三　失败者与悲剧主角

我们的社会极为关注胜利者，却不太了解如何对待失败者——但是显而易见，失败者总是要比胜利者多得多。

很长一段时间以来，有关成功与失败的讨论往往非常积极向上，我们听说过坚韧不拔、卷土重来、永不服输、重整旗鼓的说法，但是这些激励人的话所产生的影响也不过短短一瞬。有时候，行不通这一结局是无法避免的：政治生涯无法挽回；电影得不到融资；小说被第三十二家出版社拒之门外；犯罪指控会给名声留下永远的黑点……

成功与失败的责任在谁？现今的答案常常是：由当事人全然负责。这便是为何失败不仅仅（总）是痛苦的，也是灾难性的。无法用超自然的方式来宽慰失败，也不可能把失败归咎于"霉运"，除了自己，不能责怪任何人。难怪在社会步入现代化，人们开始对自己的人生负责后，自杀率急剧攀升。精英文化十分肯定地将失败从个人的不幸转而归结为个人本性。

但是，并非所有社会与时代都会如此透彻地看待成功与失败。在古希腊，人们提出了另一种不同寻常的可能性——这种可能性在当今被我们搁置一边：你可以优秀，但也会失败。为了使这个想法受到大众追捧，古希腊时期发展出一种独特的艺术形式：悲剧。悲剧在大型节日上演，方便全体市民前来观看。悲剧的演出内容涉及可怕的失败经历，这种失败常常骇人听闻。剧中人物轻微地触犯法律、仓促做出决定或者不安于室，结果遭人凌辱或被判处死刑。剧中所发生的事情在很大程度上被古希腊人视作受"命运"或"天神"掌控。他们用悲剧表达了一种想法：事情常常随机发生，而与当事人的美德无关。

在《诗学》中，哲学家亚里士多德为悲剧的关键元素做出解释。悲剧主角应该是个体面人："好于普通人"，常常出身高贵，但容易犯些小错。起初可能不容易看出他们犯了错，但经过一连串的不幸——虽然错不全在他们——小错最终会酿成大祸。

当今的休闲小报或社交媒体上总有人急不可耐地对犯错的人做出判断，而悲剧则与之大相径庭。悲剧带着怜悯及道德上的复杂情感讲述好人如何会陷入灾难性的处境。亚里士多德认为，人们极有必要定期读一部悲剧作品，否则难以压制他们心中想要评头论足、说三道四的念头。亚里士多德认为，一部优秀的悲剧作品应当能够同时激发人们心中的怜悯与恐惧：怜悯基于对悲剧主角境遇的理解，读者读出了小错有多么容易酿成大祸；恐惧源自对自身的担忧，读者因而意识到自己的生活有多么容易失控。一旦有事情要考验我们，我们所有人都会情绪崩溃。

悲剧旨在对草率的判断做出匡正。我们本能地会仅仅仰慕成功人士，轻视输家，把不幸的人视作失败者。

悲剧的存在便是为了克服这些本能。

　　当下，我们都介意人好却不成功这一想法。我们更可能会认为他们不够好，而不会接受世界并不公平这个想法。这个想法令人不安，也没有得到广泛宣传。如果没有悲剧这一艺术形式的存在，每个人的生存环境都会比所需的程度严酷许多，而且每个人动辄就会被评头论足。

四　善良的动机

即使在十分艰难的情况下，还能保持平和友善待人的一种基本途径，是能够分辨出人们的行为是什么，而人们的本意又是什么。从法律角度看，故意杀人与过失杀人这两个概念就体现了上述差异。虽然二者导致的结果都是相同的——被害者倒在血泊中一动不动，但是，我们都认为加害者的意图会导致极大差异。

我们之所以如此关注加害人的意图，是出于一条恰当的理由：如果是故意行凶，那么加害人一直会是个潜在的危险因素，社区里的人员务必要提防；但如果是意外行凶，加害人则愿意向受害人家属诚挚道歉并进行弥补，加害人所受的惩罚和怒火就会大大减轻。试想一下，餐厅服务生在你的笔记本电脑上洒了一杯红酒，你的损失很惨重，你的怒气开始攀升。但是你的回应是否恰当取决于这是无心之举还是故意为之。如果泼洒红酒的行为出自有意筹划，那就意味着你需要当面应对这名服务生。你可以采取激进的维权方式，比如，对其厉声责骂或者呼吁他人帮助。但如果这是一场意外，那么对方就不是你的敌人了，你无须对其破口大骂。事实上，宽容善良是很合理的，因为很快，善意就直奔你而来了。

因此，动机至关重要。但不幸的是，我们并不善于观察伤害我们的事情所包含的动机。我们很容易就大错特错了。我们为无意而为的举动探寻动机，在不需要猛烈回应时将冲突升级并与之对抗。

我们总是乐于妄下断语，发现羞辱、伤害自己的事，其原因之一可用一种相当令人心酸的心理现象来解释：自我厌恶。我们越厌恶自己，就越容易把自己视作适合被嘲弄、伤害的对象。为什么我们刚要投入工作，电钻就开始响起来？为什么我们马上就要去开会了，客房服务的早餐还没送到？为什么话务员要花这么长时间才能找到我们的详细资料？因为，存在针对我们的事情，这是完全符合逻辑的；因为，我们是这类事情的恰当受众；因为，对我们这种人而言，正面感受烦人的打钻声是合情合理的；因为，我们活该遭此一切。

当我们带着这种过度的自我厌恶，按照自我认识的雷达行事时，我们会不断从外部世界中得到证实：我们真的就如自己认为的那般没用。这种对自我的预期通常在童年时代就设定好了。童年时，我们亲近的人可能让我们产生了卑劣感和负罪感，导致了我们如今在社会中行走时总做着最坏的打算，并不是因为真有必要这样做（或者这么做很愉快），而是因为这种感觉很熟悉，因为我们一直受困于自己还未参透的过去。

小孩子偶尔的无理取闹会令人震惊：他们会冲着照顾他们的人大喊大叫，会耍脾气推开一碗小动物造型的通心粉，会把你刚刚为他们拿来的东西一把扔掉。但我们很少会被他们的无理取闹激怒或伤害，因为我们认为小朋友不会怀揣消极的动机或者卑鄙的意图。我们四处寻找善意的解释。我们不认为孩子这样做是为了扰乱我们的心神。我们可能会认为他们累了，牙龈肿了，或者是对弟弟妹妹的出生感到不安。我们的脑子里有一系列现成的备用解释方案，无一使我们惊恐或恼怒。

而这些事情发生在成年人身上时，情况就截然相反了。试想一下，有人故意看了我们几眼。如果有人在机场排队时插到我们跟前，我们就会很自然地假定他们打量过我们，认为自己有把握占我们的便宜。他们在想到会给我们造成一点烦恼时，可能还会沾沾自喜。但是如果我们用对待孩子的方式来看待问题，我们的假设就会大相径庭了：也许他们昨晚没睡好，疲乏不堪，没办法清醒地思考；也许他们膝盖酸疼；也许他们的行为就像是小孩在考验家长的耐心一样——插队是否和在花园里撒尿影响相当？从这个视角来看，即使成年人的不当行为没有神奇地变得友好或为我们接受，怒气却降到了安全的范围内。在我们生活的世界里，我们能够善良地对待孩子，这是感人至深的。而如果我们能学着对他人身上的孩子气更加慷慨包容，那将是锦上添花的好事。

法国哲学家埃米尔 - 奥古斯特·沙尔捷被认为是二十世纪上半叶最优秀的教师。他建立了一套方法，帮助自己和学生冷静面对令人生厌的人。他写道："永远别说他人邪恶，你只是需要寻找症结所在。"他想表达的意思是：寻找导致此人骇人举动的痛苦根源。这套让人冷静面对的方法是，想象对方在某些方面不为人知地苦熬着。要想变得成熟，就要学会即使在证据不足的情况下，也能试想出他人的痛苦。也许从表面上看，对方并没有为心病大为光火，可能看起来轻松愉快、自信十足。但是"症结"一定存在，否则，他们也不会伤害我们了。

沙尔捷利用了小说里的一大技法：带读者走进书中角色的内心——可能是个十分不起眼的角色，也可能是个令人反感的角色——然后向我们展示他们头脑中强大的、意想不到的思绪。这是诸多小说家热爱的技法，陀思妥耶夫斯基便是其一。他会深入描写社会的弃儿、罪犯、赌徒等令读者胆寒的小说人物的复杂内心世界，还有他们的悔恨、希望以及敏锐的感知能力。

对他人内心世界的精确重构，远远超出了文学作品的范畴。这是一种同理心，我们常常需要对自己抱有同理心，还需要对他人施以同理心。我们需要从外表看来尤为上进的人身上试想出他们内心的混乱、失望、担忧与悲伤。我们需要把同情施于最意想不到的地方：那些最让我们厌恶的人身上。

五　痛苦与恶意

痛苦与恶意随时都有可能出现：有点伤人的评论、被一群老友取笑花销、一句讽刺、网友的挑衅。

上述情况实际上对我们造成的打击比我们愿意承认的要严重。我们在心里默默寻找解释，但通常想不到任何令我们满意或舒心的说辞。我们只是把这种随处可见的不近人情之举留作谜题，认为受其伤害是我们咎由自取。

其实我们应当这么想：他人性情乖戾是因为他们身陷痛苦。这是一条基础而又不可违背的真理。他们之所以伤害我们，只是因为他们也在内心深处伤害着自己。他们之所以刁钻刻薄、贬损他人、暴躁不安，是因为他们也不如意。尽管他们表面上看起来自信十足、刚劲有力、精力充沛，但他们的行为就是我们所需的证据，证明他们过得并不好。任何一个如意顺遂的人都不会这般行事。

这种想法赋予我们力量。因为恶言恶语会很轻易地羞辱、贬低我们，使我们变得渺小，对我们造成损伤。我们开始下意识地认为自己仗势欺人的本领十分强劲甚至震撼，对方的怀恨在心有损我们的尊严。但是心理学上对邪恶的解释马上又颠覆了这种力量。你，不需要小看自己；你，才是更强大、更刚毅、更有力的那一方；你，觉得软弱无助的你，才是真正的强者。

这种想法蕴含着公平正义。它向我们保证，过错方最终会受到惩罚。你也许无法依靠个人之力调正裁决的天平（因为对方可能在斥责完之后就离开了，或者语速一直很快，让你插不上辩解的话，而且，无论在何种场合，你都不是那种小题大做的人）。但是他们已经在背后受到了严厉的惩罚，他们承受的痛苦，以及把痛苦施加给他人的需要，都是不可辩驳的证据。你只需要知道，这便是他们受到的应有报应。你从受害者转变成一种抽象正义的见证人。这些伤害你的人可能不会向你道歉，但是他们也无法自如地全身而退，他们的痛苦证明他们付出了惨痛的代价。

这不仅仅是一个令人愉快的说法。对自己安心的人无须打击他人。除非我们内心遭受着折磨，否则我们没有精力挖苦别人。

在这个过程中，这条理论向我们暗示了当我们从打击中恢复过来后，我们该如何与打击我们的人打交道。我们不禁想要态度坚决地以其人之道还治其人之身，但是要打破憎恨的恶性循环，唯一的方式就是铲除根源，而这个根源就藏在痛苦当中。我们没有必要回击，我们必须按照旧时先知所教导的那般，学会用悲伤、怜悯看待我们的敌人，当我们达到这一步后，再对其怀抱一种宽容之爱。

六 率性与礼貌

在人类历史的大部分进程里，"礼貌"一直是我们评价一个人是否优秀、文明的核心考虑因素。但是近来，礼貌却遭到了质疑。虽然我们不会直接反对礼貌这种行为，但是当我们在解释对一个人的喜欢或仰慕时，我们脱口而出的原因并不是"礼貌"这个词。有时"礼貌"甚至会带有和最初的含义截然相反的解释，暗示出一种唐突无礼的伪善。一个有"礼貌"的人也许会被看作有些虚情假意，甚至在有些人眼中还相当无礼。

我们对礼貌产生怀疑是有背景原因的。过去，礼貌是年轻贵族的一项重要美德，但是到了十八世纪晚期，礼貌名誉大降，当时兴起另一种由法国哲学家让-雅克·卢梭推动的浪漫主义思潮。卢梭强烈地把礼貌重新定义为一种过分的屈从以及公然的欺骗。对卢梭而言，至关重要的是，不要隐藏或者克制自己的情感和思想，要时刻对自己开诚布公。

卢梭的著作产生了一种极具影响力的新式理想行为，我们都受其影响。随着美国思想在全球范围内的影响不断增强，浪漫主义对礼貌的质疑得到了进一步的深化。这种质疑被美国人视为主要的民族品格，这一点体现在一九三九年版的电影《乱世佳人》中，男主角瑞德·巴特勒对女主角斯嘉丽·奥哈拉说出的经典台词表明了他对礼貌的看法："坦白讲，亲爱的，我一点也不在乎！"而且，美国文化在过去一百五十多年来一直在全球范围内有着巨大的影响力，美国人对礼貌的态度也因此传到了世界各地。

最终能够区分礼貌与率性的并非是对礼节的掌握。礼貌与率性的不同之处并不在于考虑在正式的晚宴上用哪一把餐刀，什么时候要说"请"，什么时候要说"谢谢"，或者怎么撰写一份婚礼请柬，而在于对人类本质的不同看法。礼貌之人与率性之人表现不同的原因主要是他们看待世界的方式大相径庭。以下是他们的几点关键思想差异。

纯洁 vs 罪孽

率性之人认为，诚实地表达想法至关重要，因为他们相信自己的所思所感能完全为世界所接受，他们表达的真情实感让人感到舒心惬意，不会遭人厌烦。他们认为，诚心实意说出的话绝不是充满恶意、令人作呕、单调乏味或是残酷无情的。由此，率性之人看待自己的方式有点类似于我们对孩子的看法：他们承蒙一种最初的、固有的、善意的祝福。

即使是最具礼节意识的人也认为礼貌的约束并不适用于幼童。我们对幼童的内心活动充满兴趣，丝毫不会为他们笨拙的表现、不当的言语或者负面的言辞感到惊慌。如果他们对通心粉表示反感，或者说出租车司机的脑袋像奇怪的金鱼之类的话，只会让人发笑而不会伤人。即使大人就坐在对面，幼童也会习惯性地和自己的玩偶熊谈心，这种习惯十分打动人，它标志着幼童的自由意志。对幼童来说，遇见陌生人时，T恤上有一块污渍是无伤大雅的事。率性之人利用幼童的乐观精神为自己打造出无拘无束的生活方式。他们对自己固有的纯洁充满信任，认为没有必要对自己的行为进行修饰与审查。他们可以这样认为，不论自己说了什么或者做了什么，有关自身的一切都或多或少地证明了自己的善良。

反之，礼貌之人会对自己以及他人的念头带有极大的怀疑。他们感觉自己大部分的所思所欲都不怀好意。他们感知着自己的阴暗欲望，他们能捕捉到一闪而过的邪恶念头：他们想要伤害或者羞辱某人。他们知道自己偶尔有些令人反感，也知道自己能够冒犯、恐吓他人的程度有多深。因此，他们故意采取手段保护他人免受自己内心阴暗一面的伤害。这不是伪装。他们仅仅是认为"做自己"是一种威胁，他们必须费心费力才能使自己接触到的每一个人都免受其扰，尤其是那些他们声称牵肠挂肚的人。

奇怪的是，礼貌之人虽然消极看待自己的本性，但他们实际上的言行举止并不让人反感。他们很清晰地意识到自己不讨喜的一面，所以尽量减轻这一面对世界的影响。正是他们对自己的极度质疑，使得他们能够在日常生活中表现出不同寻常的友爱、可靠与善良。

他人同我一样 vs 他人就是他人

率性之人会下意识地产生一种令人欢喜的想法，认为其他人在本质上和自己相差无几。抱着这种想法，他们非常乐于交际，而且能以惊人的速度越过社交的藩篱，表现得与别人一见如故。当他们喜欢开高音量欣赏某支歌曲时，他们会自以为是地觉得你也喜欢这么做；因为他们自己热衷吃辣，或者从来不往盘子里撒一粒盐，他们根本不会想到问问你是否喜欢这家餐馆，或者要不要在桌上摆一个盐瓶；他们会在还不了解你的情况下高谈阔论起身体机能或是自己的性生活，因为他们相信大家在这方面的情感都是相通的。他们觉得他人与自己想法类似，因此，他们无法感知到对方藏在心中的些微排斥，也不会受其干扰。如果会议上有人寡言少语，他们不会意识到可能是这个人刚刚说错了话或者是对情况严重判断失误。

但就礼貌之人而言，他们的观点是，无论外部表象如何，他人在心里都和自己截然不同。因此，他们的举止都带点试探、谨慎，满是探寻之意。他们会直接用对方的经历和观点对待对方。如果他们觉得冷，他们会敏锐地注意到你可能觉得温度正宜人，因此他们会询问你是否介意他们关上窗户。他们知道自己觉得有趣的笑话可能会惹怒你，或者，你抱有的政见与他们全然不同。他们不会从发生在自己身上的事臆测将会发生在你身上的事。他们精确地察觉到人与人之间存在巨大差异，因此他们的行为举止都建立在此基础上。

强大 vs 脆弱

率性之人有一种潜在的感觉，他们认为身边的人内心十分强大，永远也不会自我质疑、自我厌恶。身边人的自尊不会如蝉翼般一碰就碎，也不会时刻处于受损的风险之中。因此，无须时不时向身边人发出代表宽慰与肯定的微小信号。到某人家中做客，大家显然都觉得屋主准备的饭菜喷香可口，花了四个半小时精心准备食物的屋主更是懂得这一点，因此便无须变换着措辞反复夸赞屋主的厨艺了；当遇到一位艺术家时，无须告诉这位艺术家他的上一幅作品受人赏识，因为他自己对此再清楚不过了；职场新人一定有一种很清晰的感觉，不需要驻足欣赏并向他人言说自己取得的成就。在率性之人看来，每个人的自尊都已足够强大了。他们甚至还会怀疑，如果你因小事赞扬了某个人，只会让他们的自尊过分膨胀，甚至到了危险的境地。

礼貌之人的出发点与之不同，他们认为所有人离崩溃、失望、自我厌恶只差毫厘，尽管我们可能在表面上看起来十分自信，他人给予了我们掌声与认可，但是我们仍旧处在极易被厌恶、受怠慢的脆弱处境之中。每一次疏忽、每一次沉默或者每一句稍稍严厉或随口一说的话语，都极有可能给我们造成伤害。我们每个人都毫无遮拦地行走着，掌勺人、创作家与职场新人都不可避免地想要从他人身上得到对自己所言所行的认可。礼貌之人会因此花费大把时间观察、赞赏他人的成就，哪怕是十分微不足道的成绩。他们会说这碗西洋菜汤是这些年里他们喝过的最棒的一碗；他们会说作者最新小说的结局惹人落泪；他们会说在墨西哥经营的生意对全公司都有益，受到了公司上下的关注。他们知道，我们遇到的每个人都极有可能用我们所说的"小事"伤害到我们，把这种伤害归结为"小事"是极为愚蠢、极为不公平的。

在工作场合里，礼貌之人与率性之人对金钱和爱的态度可能存有潜在的不同。对率性之人而言，金钱是他们希望在职业生涯里从他人手中获取的关键要素。因此，他们认为没有必要表达感激或是努力表现得和雇员平起平坐。就以服务场合为例，他们觉得，无须对服务员或是汽车租赁柜台的办事员表达额外的关心，只要知道他们已经把服务所得收入手中即可。

但是，礼貌之人知道，人们积极投入工作，不仅仅是想从工作中得到金钱，还需要尊重和关爱。因此，他们会有意识地对在护照上盖章的工作人员或者在酒店里更换床单的服务人员投以微笑或说一两句舒心的话语。显然这些人工作是为了挣钱，但是金钱抵消不了情感上的需求，这些人希望自己对他人有用，受到他人赏识——无论与他人的接触是多么短暂、多么具有目的性。

宏大的举动 vs 微小的举动

率性之人常常十分善良，但是他们的善意都用在宏大的事物上了。他们感兴趣的是在人道主义的主要领域内表达慷慨与善意的壮举。比如，拯救整个非洲或者为国内全体儿童提供平等的生活起点。但是，由于他们在宏大举动上热情高涨，他们对稍小一些的举动就失去了耐心，会把其视为对伟大事业的干扰。他们可能会觉得，如果人类命运的关键转变就在眼前，则没有必要花费时间与金钱送人鲜花、在做客用餐后表达谢意，或是记住别人的生日。

礼貌之人也非常乐意向一大群人传播仁慈、爱意与善意，但是鉴于现实的时间因素，他们对这样做的可行性持谨慎态度。虽然他们认为你可能无法在未来短短几十年里为一大群人提高物质水平，但是他们觉得，为此时此刻与你有直接联系的几个人带来微小的改善，仍然是值得一试的。他们可能始终无法完全改变另一个人的前途命运，或者把整个物种从水深火热中解救出来，但是他们可以微笑着花五分钟时间和邻居聊聊天气。他们小小的志向，使得他们可以非常敏锐地捕捉到可以今日毕的今日事的价值。

自我肯定 vs 自我怀疑

　　率性之人能够十分自信地快速判断出某个特定情况从长远来看是好是坏。他们觉得自己可以分辨出某人的举止是否恰当，或者在遇到困境时应该采取怎样的行动。正因为如此，他们会很理直气壮地对他们眼中的极端愚蠢行为气急败坏，或者和与自己关系不和的人断绝往来，又或者断然表示异议并当面指责他人为蠢货、怪胎或骗子。话一旦说出口就收不回来了，不过他们或许也并不想收回。他们身上率性的部分源于这样一种观点：他们能够快速理解任何情况的优势、他人的品格以及自我义务的真实本质。

　　礼貌之人在这些方面的自信程度要稍逊几分。他们意识到，今天还强烈的感觉可能到了下个星期就改变了。他们意识到，对自己而言莫名其妙或者有误导性的想法，换个说法就有可能对别人讲述了极为重要的道理，过段时间他们也有可能转而同意这个想法。他们认为自己的心灵对错误十分包容，并且容易受到误导人微妙情绪的影响。因此，他们不愿意说出难以收回的言论，也不愿意与可能会渐渐值得他们尊重的人为敌。

礼貌之人易于使用柔和、试探性的语言，尽可能地克制住批评的冲动。他们会说某种想法可能不太正确。他们会说某个项目很有吸引力，但是看看其他的项目也不失趣味。他们不会简单地撒谎或是逃避艰难的抉择。他们的举止不过代表了一种微妙且明智的看法：鲜有一无是处的想法，没有荒谬百出的提议，少有愚笨至极的人。在他们眼中，好与坏交错盘绕，真理总是以陌生的伪装出现在意想不到的人身上。他们的礼貌是对自身以及世界的复杂程度做出的合理、小心的回应。

无论是从率性之人身上，还是从礼貌之人身上，我们都能学到重要的经验。但是在历史的这个时刻，可能礼貌之人具有的独特智慧最能够用于重新探索以及表达思想，也最能够减轻当今率性的思想体系所带来的冷漠与适得其反的效果。

第三章

善良的魅力

一　友谊的目的何在

友谊应该是生命中精彩的部分，却也频繁让人失望。

常常有这种情况，你到某人家中做客吃晚餐，屋主准备了一大桌好酒好菜，你显然可以观察出屋主遇到了很多烦心事，但是你们的交谈只是唠家常，没有什么实意，先是狠狠抱怨了一番某个航空公司机舱服务的不足，然后又莫名其妙地谈论起税法。屋主的用意其实是感人至深的，但是（正如经常发生的那样）我们会在回家路上琢磨着，这顿饭究竟有什么意图。

友谊带来问题的关键原因听起来很荒谬：缺乏目的。我们在友谊上做出的尝试往往是漫无目的的，因为我们共同抵制明确了解友谊的目的这一任务。

问题在于，我们常常会为友谊带有目的而感到不自在，因为我们总把目的与最无聊、最重利的举动联系在一起。然而，目的并不一定会摧毁友谊。事实上，我们越是清晰地定义出友谊的目的，我们就越能专注地对待生活中的每一个人，或者，我们越能有效地判断出哪些人是我们万万不可交往的。

至少有五件事是我们在与人相处时应该试着去做的。

建立社交圈

社交圈这一想法受到了不公平的指责。人类这种生物在这广袤世间里渺小而脆弱，我们个人的能力不足以实现我们的梦想。因此，我们需要合作伙伴——能与我们的能力和力量相结合的伙伴。建立社交圈这一想法在经典文学作品中得到了极大体现。以古希腊神话故事《阿尔戈船英雄纪》[1]为例。《阿尔戈船英雄纪》讲述了

---

[1] 原文为 The Argonauts，经查阅资料，此处应为作者笔误，应是 The Argonautica。《阿尔戈船英雄纪》问世于古希腊时代，是一首长篇叙事诗，讲述了以伊阿宋为首的一群希腊英雄历经千难万险，在敌国公主美狄亚的帮助下，夺取金羊毛，又九死一生返回希腊的故事。

英勇的伊阿宋船长召集一帮朋友驾驶阿尔戈号寻找金羊毛的故事。后来，同样的想法还体现在耶稣召选十二位门徒一事，有了这些门徒的帮助，耶稣得以传播一两条改变世界的想法，如原谅、怜悯等。上述这两则有力的例子向我们展示了在理想情况下，社交圈里的友谊是多么高风亮节、雄心勃勃。我们在递出自己的名片时，并没有削减自己的努力。

宽慰安抚

人类的生活环境里充满了恐惧。我们总是处在耻辱、危险与失望的边缘。然而，在礼貌行为的规定之下，我们总是处在一种过度幻想的危险中，我们总幻想自己是唯一能像自己所想的那般疯狂的人。我们急切地想要结识朋友，因为面对交情浅的人，我们不会袒露自己的性冲动、悔恨、愤怒以及困惑。他们也不会承认自己有些迷了心智。令人宽慰的朋友允许我们必要、准确地察觉到他们所受的辱和所犯的傻。带着这种了解，我们可以开始对自身以及自己悲伤、难控的一面进行更加怜悯的评判。

寻找趣味

尽管有人提倡享乐主义和即时的满足，生活却不断教导我们严谨认真的重要性。我们必须捍卫尊严，要表现得像个成熟的成年人，避免看起来像个傻瓜。随之而来的压力变得沉重，甚至最后会让我们不堪重负，面临危险。

这就是为什么我们常常需要赖以信任的伙伴，以便能够在他们面前犯傻。他们可以是花费大把时间接受培训的神经外科医生，也可以是中型企业里的纳税咨询师，但是当我们在一起时，我们可以犯傻减压，这就像是一种治疗手段。我们可以模仿口音、分享性幻想，或者在报纸上乱涂乱画，给总统加上一个大鼻子，补上门牙，给时尚模特画一对大耳朵还有一头杂乱的卷发。我们自身重要但不被尊敬的一面使我们难堪，而有趣的朋友为我们解决了这种羞耻感。

阐明想法

令人惊讶的是，我们很难独立思考。我们的头脑反复无常、脆弱敏感。因此，我们对许多问题感到困惑。我们感到愤怒，却不明白原因。我们在工作上出了差错，却找不到根源。善于思考的朋友会支撑着我们解决这些问题。他们提出问题的方式温柔体贴，但寻根究底，这些问题像镜子般帮助我们了解自己。

缅怀过去

有些朋友和现在的我们已经没有共同语言了，我们仍会去见这些朋友，他们的陪伴有些无趣，但是我们不会错误地把他们封存在生活里。可能我们从学生时代起就认识他们了，或者我们在二十年前和他们一起度过了一个意义非凡的假期，又或者我们在子女上幼儿园时结识。他们代表着过去的自己，那时的自己离现在的自己很遥远，但是我们仍对那时的自己保持忠诚。他们帮助我们理解自己来自何方，曾经关注何事。他们与现在的我们无关，但是我们的身份并非仅仅与当下有关，这一点可以通过我们与这些朋友持续的接触来证明。

在社交生活中，寻找交友的精确意图会带来一个副作用：可能我们会做出结论，认为在许多情况下，我们费时与人交往并没有明确的原因。这些最初的朋友与我们志趣不一；他们不会宽慰人，可能还会暗暗为我们的失败欢欣鼓舞；我们无法在他们身边充分暴露自己的愚蠢；他们对推进我们或他们的自我认识不感兴趣；他们与我们生命里的重要阶段全然无关。只是因为我们感情用事，没能纠正一次不愉快的意外，他们才出现在我们的生命轨迹里。

我们应该敢于变得无情。选择性地结识朋友并不代表我们不再信任友谊，而是证明我们越来越了解友谊的真谛，对友谊的要求也越来越严谨。要弄清友谊的目的，和朋友共度几个夜晚可能是最好的方式。

二 太过友善的问题

社会灾难的成因中有一种令人极为心酸：过分友善。原本出发点极好的行为所带来的结果与公然的无礼并无二致，两者都会激怒他人。

过分友善的场景有很多：在办公室里，过分友善的人对高级经理的笑话假意捧腹；在酒店前台，过分友善的人祝愿下榻的先生女士住得愉快；初次约会时，过分友善的人坐在暧昧对象面前，慷慨赞美对方对新书、新电影的看法。

过分友善的人犯了以下三个大错。

第一，他们认为自己必须赞同所有事情。如果有人说世界即将毁灭，他们会当即点头赞同。如果下一秒又有人预测出了乌托邦式的科技型未来，他们也会心服首肯。对于我们说的妙语，他们振奋不已，对于我们说的傻话，他们同样来者不拒。他们这般仪式性的赞同看似体贴入微，实则代表他们对我们所言之物充耳不闻。

第二，他们的赞美不得要领。他们说了一堆溢美之词，但都不是我们所看重的。他们说自己喜欢我们的雨伞，我们办信用卡的银行是他们最喜欢的，我们家的椅子造型精美，我们使用刀叉的姿态十分得体……但是，如果这些与我们自身的意义及成就无关，那么任何一句赞美对我们而言都可有可无。每个人都喜欢被赞美，但是不得要领的赞美本身就是一种冒犯。

第三，他们的友善乐观得无情。他们指出我们多么眉清目秀，我们的工作听起来多么令人赞叹，我们的家庭生活看起来多么完满。他们想让我们感觉良好，但是此举可能会引发危险，因为这会抬高我们展现孤寂、阴暗、犹豫一面的代价。

相反，友善得恰到好处，并因此讨人喜欢的人会将以下三件事牢记在心。

第一，分歧并不一定可怕。遭到反驳时，若我们的自尊并没有受到威胁，还从好强的对方身上学到了宝贵的知识，我们可能还会为之振奋。

第二，人们只想在自己真正引以为傲的事情上得到赞美。赞美的价值在于不能不加节制地使用。真正讨人喜欢的人知道自己必须对许多事情保持缄默，然后他们最终给予的赞美就会得到恰当的回应。

第三，比起向我们诉说欣喜之事的人，

对我们表现出理解的人更能让我们欢欣鼓舞。

这一类人通常怜悯我们的悲伤，愿意与我们

一同探寻内心焦虑、犹豫、困惑的自己。

讨人喜欢的人之所以能够讨人喜欢，是因为他们能够把控社交过程，即使是与令人望而生畏、稀奇古怪的人相处，他们也能掌握使他们满意的详尽方法。他们本能地以自身经历为基础，凭此思考他人的需要。相反，过分友善的人忘掉了自己的喜好和厌恶，他们背负着过度的谦逊，并以此认为任何令人印象深刻的人都不可能对驱动他们心理状态的原则产生共鸣。

讨人喜欢之人的核心魅力是一种抽象的见解：在本质上，别人实则与我们"差别"不大。因此，对自己的了解将是理解和与陌生人相处的关键。不用在每件事上都如此，但是需要足够的时间做出改变。

过度友善不仅仅是一对一交往的特点，还逐渐成为现代消费社会的一种痼疾。这解释了为何飞机在一座新城市着陆时，乘务人员会热情洋溢地祝愿我们有美好的一天；为何服务员希望我们享受所品尝的第一道菜品；为何服装店的导购员建议我们试穿裤子时会带上如此大的微笑。

人们以自身为向导，以此推测陌生人的性情及需求，当人们突然谦逊或信心骤减时，便导致了这种汹涌而来令人窒息的友善的出现。企业对客户明显的"差别"留下了太过深刻的印象，因而忽视了自身在服务背景下的许多缺陷。他们回避了这样一种认识，即在出国旅行回国后，一想到我们在家庭中的责任，我们可能会感到恐惧；或者，即使身处精品服饰店中，内向、悲伤的情绪也会如影随形。他们表现得像是兴高采烈的火星人首次遇见不完整的、复杂难懂的人类。

过分友善者的错误常常可以归咎为一种感人的谦逊。他们的错误之处不过是他们不够自信，不敢以自己的经历指导他人追求快乐。他们的失败教会我们一个道理，要想成功取悦他人，我们必须首先承认自己可能需要冒险，会因为坦诚表达自我经历而得罪他们。成功的魅力在于一种最初的安全感，即我们能够克服社交上的失败。反复排演过程，哪怕最终弄巧成拙也不在意，可能是恰当、自信地吸引他人的最佳方式。我们必须适应风险，不能让自己有机会在交友时创造出风险。

三 如何克服害羞

由于害羞能够强有力地束缚住我们，我们很容易把它当作众多情绪中无法改变的一种，认为其深深根植于我们的性格之中，可能还存在我们的基因里，永远无法根除。但实际上，害羞基于一系列对世界的看法，这些看法能够通过一些合理的过程加以改变，因为这些看法本就是建立在一些错误的看法之上的。值得庆幸的是，这些错误的想法又是可以更正的。

害羞源于一种对陌生人的独特解读。害羞的人并不是在所有人面前都忸怩不安，他们只会在某些看起来与他们千差万别的人面前笨嘴拙舌。判断自己与他人是否差别巨大，不应只依靠各种表面特征，如年龄、阶级、品位、爱好、信仰、背景或者宗教。我们可以把害羞定义为一种心灵上的"地方主义"，这种说法不带贬义，仅仅是指太过于依恋自己的生活和经历，而不公平地把他人视为令人生畏、高深莫测、不为人知的外地人。

在与来自另一个世界或"地区"的人接触时，害羞的人会让自己的头脑受一种令人生畏的差异感的控制。他们可能会（默默地并且尴尬地）告诫自己什么也别做，什么也别说，因为对方是知名人士而自己不过是来自小地方的无名小卒；或者因为对方十分年长而自己身边包围着的不过是一群二十岁左右的年轻人；或者因为对方聪明绝顶而自己身处的地方教育水平不够发达；或者因为对方来自美女如云的地方，而自己所在的地方只有相貌平平的男生。因此，他们没有理由发笑、冒险地说俏皮话或是感到自在。害羞的人并不想表现得讨人厌或不友好，他们只是把所有他人身上与自己的不同之处看作一种不可逾越的障碍，因此无法展现自己身上的善良与个性。

我们可以想象，在人类发展的历史上，害羞一直是人类的第一反应。在山上的人可能会被这种情绪触发，因为他们是农夫，而你是渔夫，或者他们发元音时温和轻快，而你说话时不带起伏。

然而，渐渐地出现了一种更通人情、不排外的与陌生人相处的模式，我们把这种模式称作心理上的"世界主义"。在古希腊与古罗马文明中，随着生活方式迥异的人之间的交往日益密切，以及贸易与船运的发展，害羞的替代品应运而生。崇拜人形化神灵的古希腊旅者发现，埃及人崇拜的是猫与某些鸟类；剃去下巴上胡须的古罗马人发现野人并不如此；住在有柱廊和地暖屋子里的参议员发现部落首领居住的是透风的小木屋。几位思想者发展出一种观点，认为尽管人类从表面上看各有不同，但内在都是相似的。也正是因为如此，心灵成熟的人应该与存在明显不同的人交往。正是带着这种"世界主义"的心态，罗马戏剧家、诗人泰伦斯曾写道："我是人，只要与人有关的事我都不陌生。"基督教也利用"世界主义"，将普世的同情作为生存观的基石。

世界主义者之所以如此，并非因为本性轻浮或乐于交际，而是因为接触到了有关人性的基本真理。他们知道撇去外表后，我们在内里是相同的；他们知道无论是派对上结结巴巴的客人，还是餐厅里笨拙的搭讪者，不过都是错在了不愿向他人大方展示自己上。

世界主义者很清楚人与人之间的差异。他们只是不愿意被这些差异威胁、控制。他们越过这些差异去觉察，或者说得具体些，去猜测物种间的统一性。陌生人可能不认识你从小学起就认识的朋友，没读过你读过的小说或见过你的父母；陌生人可能穿着裙子，也可能戴着顶大帽子，还刮了胡子；陌生人可能处在古稀之年，也可能刚满四岁。但是世界主义者不会因为缺少"本地"的参照而感到胆怯。他们确信，即使经历了几次错误的开端，他们仍会在某些共同点上跌倒。他们知道，所有人（尽管外在多有不同）都一定会由某几个基本的关注点所共同带动，这有可能是共同的喜好、厌恶、希望和担忧，甚至还可能只是都喜欢把球滚来滚去或是都喜欢日光浴。

害羞的地方主义者本质上是悲观主义者。他们坚信，现代主义者无法与传统主义者交谈；左翼狂热分子一定不会在右翼分子身上花时间；无神论者无法与神职人员相处；资本主义的企业老板一定难以应对社会主义的追捧者。自信的世界主义者则与此不同，他们的出发点是人们千差万别，但是这不会从根本上破坏其他方面的相似之处。

传统上，等级或地位一直是地方主义者害羞的主要原因：农民觉得自己无法接近贵族；年轻的挤奶女工看见伯爵的儿子来参观牛棚会紧张得结结巴巴；生活在当今这样一个充满顾虑的年代里，相貌平平的男性觉得自己永远无法与花容月貌的女性约会；或者，清贫的人觉得自己无法与富可敌国的人交谈。他们的心放在悬殊的差距上：我的鼻子像是小孩用黏土随意捏成的，而你的鼻子像是由米开朗琪罗精心雕刻而成的；我担心丢了工作，而你担心拓展德国地区的业务并不能如期获益。

害羞具有深刻的内涵。对于害羞内涵的一种认识是：我们的出现也许会打扰到某人。这基于一种敏锐的感觉，即陌生人会因为我们而感到不满或难堪。害羞的人能够敏锐地察觉到被人厌恶的危险，这种警觉令人动容。不会害羞的人身上有一种可怕的可能性，因为他们对待与人交往这一资格的态度令人失望。他们会如此镇静、确定，仅仅是因为他们没有考虑到他人有可能对他们心灰意冷。

在大多数情况下，我们的内敛让我们付出了不必要的惨痛代价。其实，只要我们知道如何展示自己的仁善，这些人本会对我们敞开心扉。我们太过小心翼翼地贪恋属于自己的领域。满脸痘痘的男孩不会发现，原来自己和高中校花对幽默的品位是一样的，和父亲的关系也都十分糟糕；中年律师不会觉察到，自己和邻居家八岁大的孩子同样喜爱火箭。不同种族、不同年龄的人仍然无法交往，因为这会损害大家的利益。害羞这种让人感到独树一帜的方式十分打动人，但这最终是过犹不及、毫无道理的。

四 温柔的玩笑必不可少

尽管看来并非如此，但是带着温情与技巧的玩笑，实则是一种意义深远的人类成就。

当然，我们确实会抓着某人生活中的弱点开恶劣的玩笑，但是这里说的是带着温情的玩笑，是一种慷慨、有爱的玩笑，是能让听者感觉良好的玩笑。

有一些玩笑就十分可爱。比如，青春期时，你脾气暴躁、闷闷不乐，和蔼的爸爸以莎士比亚笔下的丹麦忧郁王子之名给你起外号，叫你哈姆雷特。或者，你四十五岁了，严谨对待生意，但是大学老友仍用你十九岁时他们为你起的绰号称呼你，那是某天晚上，你试图用这个假名和住在城里的德国学生搭讪，却一败涂地。

我们每个人都会在某些方面有些失衡：太过较真、

太过阴郁、太过轻佻。我们都会从被拉回正常的均值上获益。善于开玩笑的人，针对我们独特的不均衡之处寻开心，带着怜悯的意味试图改变我们：不是通过严厉的教训，而是通过帮助我们注意自己的过度之处，然后嘲笑它们。对方试图行之有效地将我们推向好的（而且是默默地为人接受的）方向，因此，我们感到，玩笑在带上了温情之后，既甜蜜又有益。

英国文学批评家西里尔·康诺利有一句名言："每个胖子体内都囚禁着一位瘦子，疯狂地发出想要挣脱的信号。"

这种想法普遍存在于多种情况之中：大惊小怪、小题大做的人心中有一个更无拘无束的人在寻求突破；懒散堕落的人心中默默藏着一个野心勃勃、热情洋溢的自我；阴郁沮丧的犬儒主义者心里有个想得到认可的快乐阳光的自己。

玩笑的话透过占主导地位的外在表现直达占从属地位的内心，帮助内心的自我得到释放与放松。

阿兰·霍林赫斯特的小说《美丽曲线》[1] 将时代背景设定为二十世纪八十年代，其中有一幕，年轻迷人的男主角尼克被邀请参加一场盛大的派对，英国首相撒切尔夫人也参加了这场派对。在场的每个人都对撒切尔夫人毕恭毕敬，但是尼克热情地打趣称撒切尔夫人可能想跟着流行音乐起舞。其他人都大惊失色，因为撒切尔夫人本应该对紧缩的经济改革政策和不讲情面的政治事务感兴趣才是。但是，内心短暂挣扎一番之后，撒切尔夫人笑着回答道："你说得对，我很想跳支舞。"（如果在现实生活中能有更多开撒切尔夫人玩笑的人，或许她身上爱流行音乐、爱跳舞的这一面能在处理国家事务上发挥更大作用，历史也会因此而改变。）

我们享受亲切的玩笑，是因为这种玩笑是对我们的真实洞察。这个开我们玩笑的人对我们进行了研究，并确切指出我们心里正在进行的斗争。他们看到我们内心

---

[1] 同性恋题材小说，讲述牛津大学毕业生尼克从外乡来到伦敦四年的生活经历。

美好的一面，虽然目前这一面还未得到充分认同。这种玩笑令人愉快的原因在于，通常他人只会对我们展现给世界的这一面蜻蜓点水般一掠而过，而不会深入探究。通常，世人会认为我们阴郁、严厉、睿智或对时尚着迷。开玩笑的人帮助我们意识到，占主导地位的表面因素并没有将我们的全部交代得清清楚楚，他们具有足够的善意以及洞察力，透过现象看本质。

也许，我们问得最有启发性的问题——能告诉我们关于温柔玩笑的价值的问题，仅仅是：我需要被开什么玩笑？

五　如何做到热情亲切

比起粗鲁来说，礼貌显然是可取的。但是，有些表现礼貌的方式严重脱离了目的，让我们感到莫名地冷漠与不满。试想一下，有人尽管使出了全力，最后还是以我们所说的冷漠的礼貌而收场。他们可能热衷于取悦自己见到的人，他们遵守一切社交礼仪，给宾客递酒水、谈论旅行见闻、建议对方多来点肉汁、对想读近期获奖的小说发表看法，但是他们待人接物的方式既不吸引人，也无法让人难忘。可能人们要隔很长一段时间才会想再次见到他们。

相反，还有另一类被我们视作热情的人。他们遵照着冷漠者的礼貌原则，但是设法在行为举止上添加关键的情感元素，达到让人舒服的目的。如果我们打算晚上和他们聚会，他们可能会建议我们去他们家里自制烤芝士三明治，而不会约我们去餐馆填饱肚子；他们可能会隔着浴室的门和我们聊天；会播放他们十四岁时喜欢跟着一起跳舞的歌曲；会把垫子垫在我们背后；会坦白自己害怕我们的一个共同朋友；会送我们一朵雏菊或是自制的卡片；会在我们因为感冒而心情低落时打来电话嘘寒问暖，关心我们的耳朵感觉如何；会因为我们的失眠而开玩笑，然后发出"嗯""啊"的鼓励声，向我们表达自己的同情和兴趣；会在发现我们被桌边的某个人吸引时冲我们使眼色；会说自己很喜欢我们的发型；会在我们洒了东西或者不小心放了个屁时惊讶地说："你也会这样！我真是太欣慰了！通常只有我才会这样！"

热情与冷漠之人的差别存在着一种截然不同的人性。从广义上看，冷漠之人持有一种内隐观，他们认为自己试图取悦的生物只需要最高需求。结果是，他们对这些人做出了各式各样的假设：这些人只对我们所谓的严谨话题感兴趣（尤其是艺术和政治）；这些人会重视正式的用餐礼仪与坐姿；这些人足够强大、自信、成熟，无须寻求慰藉或安抚；这些人身上不存在要紧的生理弱点与动力，提及这些可能会显得极为冒犯。冷漠之人认为，如果建议这些高人一等的人窝在沙发里盖条毯子或者在他们走去卫生间时递给他们一本杂志，他们会双眉紧蹙。

但是热情礼貌之人一直很清楚地知道，陌生人这种生物（无论地位高低或者外露的尊严多寡）急需帮助、脆弱困惑、追求嗜欲、易受影响。他们会知道陌生人身上的这些特点是因为他们从不会忘记自己身上也有这些特点。热情礼貌之人与 A.A. 米尔恩笔下《小熊维尼》中温柔的袋鼠妈妈有许多相似之处。《小熊维尼》中有一则故事，起初跳跳虎来到百亩森林时，大家都惊慌失措。跳跳虎身形硕大、声音洪亮、精力充沛、坚定自信。林中的小动物们都小心翼翼地与他打交道，对他的态度可能就是我们眼中冷漠的礼貌。但是，袋鼠妈妈遇见跳跳虎后，马上对他表达出自己的热情。在她眼里，跳跳虎就如自己的孩子小豆一般，她说："并不是体形大的动物就不向往善意。无论跳跳虎看起来体形有多大，请记住，他需要的善意和小豆一样多。"这句话也许可以为有关热情的哲思做出解释。

有时候，认为别人可能比我们更高尚是一种非常慷慨的想法。总的来说，我们非常认真地考虑过这个想法。我们已经把距离感与谨慎内化于心，我们不会再像天真的小孩一样，开心地探究你心情不好的时候是否想要闻一闻他们脏脏的小毯子。

这引发了一种悲伤得令人动容的可能性，有可能他人也有我们身上存在的弱点，其程度比他们表现出来的要深，甚至深到我们不敢想象。可能两个人心中都暗暗渴望某个小物件，然而，双方又都表现得太过礼貌（受到了对人性冷漠解释的影响），不好意思表达自己的渴望，或为其付诸行动。

热情礼貌的人也许不会把自己的所作所为与外显理论结合在一起，但是从根源来看，他们的行为基于这样一种理论，无论他人从表面上看有多么出色、多么高贵，背后都无可避免地藏着一个不断挣扎的自我，这个自我带点潜在尴尬、容易困惑、被欲念左右、在孤独的边缘徘徊，他们需要的不过是一块芝士三明治、一杯牛奶、一个拥抱，无须其他巧妙、高尚的举动。

六 打情骂俏至关重要

打情骂俏名声不佳。它常常被理解为一种表里不一的行为，似乎试图挑起另一个人的兴致，从对方的兴致中得到满足，却没有任何与他们共赴云雨的愿望。打情骂俏看似一种对情爱承诺的操纵，实施者会在最后的关键一刻停下来，留下目标对象独自困惑、难堪。我们从夜总会或派对回到家独处时，可能会伤心地指责对方"仅仅"是打情骂俏，而两人之间本可以发生更多事情。

然而，上述情况只代表了有关打情骂俏的一种可能性，这种可能性还是令人厌恶、让人后悔的。看待打情骂俏最好的方式是把它作为一种社交手段，通过这种手段充分寻求慰藉，随心所欲地展现自信和自尊。我们的任务不是不再打情骂俏，而是要学会如何更好地、更正经地打情骂俏。

良好的打情骂俏在本质上是一种由善意及幻想中的激情所推动的尝试，是为了让对方更加坚信自己在心理或生理上的可爱之处。打情骂俏像件礼物，送出这份礼物不是为了操控对方，而是出于一种喜悦，因为我们觉察到了对方身上最迷人的地方。以此看来，善于打情骂俏之人必须小心翼翼地用三件显然矛盾的事情说服我们：他们想和我们共度良宵；他们不会与我们共度良宵；原因与我们的任何缺点毫无关系。

良好的打情骂俏不带恶意地利用了有关性爱的重要真理：性爱中最让人享受的部分常常不是进行的过程，而是为了使这一行为能够顺利进行而让对方做出的许可。这表明对方足够喜欢我们，愿意接受我们最不加掩饰、最易受伤害的状态，愿意卸下克制的伪装，放下他们平日里的自尊。当我们第一次为对方宽衣解带或听从对方的要求，用我们能想到的最放荡的语言称呼他们时，让我们产生幸福感的主要原因远远不是对肌肤的轻抚，而正是上述的概念。

　　善于打情骂俏之人清楚这一点，因此，他们不会因为可能无法为爱人提供任何有价值的东西而感到内疚。他们明智地认为，仅仅在餐桌上或在公司茶水间这种地方，通过语言这一媒介，就很有可能带给对方性行为中最美妙的体验。

　　善于打情骂俏之人在另一方面也是一把好手，他们能够准确地表达出与对方不会发生性行为的事实。在人类心智的乖张作用下，听到这个事实以后，我们心中只会被一个可怕的结论填满：对方突然发现了我们令人极度厌恶的特质。善于打情骂俏之人使我们摆脱对自己的苛刻责备，他们用了几个真挚的原因有力地向我们解释，两个人没能共赴云雨不是因为其中一人发现另一人令人厌恶，可能是一方或者双方都已经有了另一半；双方年龄差异悬殊；性取向不同；办公室的同事不会赞成；复杂的家庭情况；或者，最简单的一个原因，没有时间。

　　摆脱了把打情骂俏作为性行为的前奏这一僵化生硬

的假设后，善于打情骂俏之人便能够巧妙地暗示，如果世界可以按照理想的方式来排布，一切就会变得不同。接受打情骂俏的一方可以以同样优雅的姿态，同意这一观点，不会因为对自我的厌恶而扭曲这个说法。

我们都需要他人提醒，我们能容忍的有什么，我们会因为什么而激动。如果坚持认为这种觉醒只能通过真实的交媾行为来保证，那就大大减少了这种提醒出现的可能性。如果对打情骂俏有着恰当的理解，这种行为的产生可以是有益的，并且可以跨过政治立场、社会地位、经济地位、婚姻状况、性取向以及年龄（在此需要特别强调）等鸿沟。二十六岁的企业女律师可以和五十二岁的小商店男收银员打情骂俏，清洁工和大老板也能如此。这么做是很打动人的，因为这标志着人们愿意运用自身的想象，定位出与自己熟悉的方面相去甚远的另一个人身上最有吸引力的地方。如果我带着欲念端详某人，那么我最想问的问题则是那些他人能问出口的最亲密、最有趣、最必要的问题。

善于打情骂俏的人需要技巧去寻找每个人身上不太显眼但真实存在的魅力。他们可能会被好看的手肘或者被透着睿智的歪头动作所吸引。他们必须积极地寻觅对方身上的性诱感，拼凑出此人的全貌，就像高明的小说家抽丝剥茧地展现看似平凡的角色背后隐藏的魅力。基督教徒便是如此。他们关注那些（经过匆匆一瞥而）被视为异类或不配得到爱的罪人，挖掘他们埋藏于心的善意。

　　浪漫主义追求行为与目标的完全一致，这种不幸的一致性导致我们长久以来一直对打情骂俏怀有戒备。浪漫主义认为，我们要么必须真心实意地打情骂俏，然后顺水推舟地云雨一番；要么就是在巧言令色地哄骗他人。十九世纪许多浪漫主义小说中，"打情骂俏"成了一种辱骂的说法。小说主角绝不会用调笑、魅惑的口吻对真爱以外的人说话。然而，他们会因此错失一种增进情感的重要方式。

　　理想中的打情骂俏是由两人共同创造的一种社交艺

术，是文明的产物。在打情骂俏的过程中，人们承认存在的局限，也担忧会产生的后果，人们知道自己不应该让一时冲动毁掉一段长久的感情。人们知道避免性行为通常是明智之举，但又明智地懂得如何不真正采取性行为却能享受性的美好。

善于打情骂俏的人并不是在编造谎言，也不是简单地讨好谄媚或暗中操纵。他们想让我们知道，我们很少把自己想成受欢迎之人。当然，有一些人对自己的魅力极为自信。但是，大多数人都与此相反并为此万般痛苦。我们一次次地遭遇挫折，受人指责，又因为明智的谦虚警醒我们正视自己的弱点，我们逐渐把自己看得与理想状态相去甚远。我们知道，自己在某些方面并不受人喜爱，也没有独特的魅力。这种自我描画并非谬误，但也不全然正确。

善于打情骂俏的人执行了一项至关重要的心理使命：使我们对自身的看法恢复平衡。他们提醒我们，尽管我们在性格和身体上存在缺陷，我们仍然在某些方面十分吸引人，如果处在比现状更好的条件下，我们会认为自己确实非常有趣，会让人想要共度良宵。打情骂俏是一剂良方，能够解决我们在成长过程中发现的性格缺陷：一种对自身过度消极的看法。正是因为我们极易陷入自我厌恶的境地，极易忘记如何恰当地欣赏自己，我们才需要更积极地、不带疑虑地投身到与他人打情骂俏这一活动中。

通过恰逢其时的笑容、故作忸怩而上扬的眉毛、无声无息的注视或者意料之外的暖言暖语，善于打情骂俏的人进行着一份至关重要的社会工作。他们知道，被视作诱惑撩人是心灵的有益需求，也是一种道德需要，因为感觉自己受欢迎是我们变得更加耐心慷慨、精力充沛、心满意足的关键。不幸的是，人们竟然常常指望着这种极为重要的需求通过性爱这一狭隘的方式达成。

善于打情骂俏的人开明地与这一约束抗衡。他们的使命是在生活中给予打情骂俏（及其附加的益处）更多的展示机会，摆脱真正行敦伦之事所能提供的渺小的、困难的机会。善于打情骂俏的人知道如何增强魅力，他们知道如何从本质上喜爱他人，而不必为此付出比实际期望更多的代价。理想的打情骂俏者是关键的民主科学的先锋：他们试图以一种服务于多数人而不是少数人的方式正确识别吸引力。我们不仅仅要对善于打情骂俏的人心怀感激，更应该试图成为这样的人。

七 善良的人总说谎

　　真正的好人总是愿意说谎，甚至有时还热衷于说谎。这听起来会让人感到奇怪，因为我们对诚实有一种崇敬的，但不加选择的过度迷恋。

　　这一问题在很大程度上可归罪于美国第一任总统乔治·华盛顿。据说，乔治·华盛顿六岁那年得到了一把斧子作为礼物，他兴奋不已，径直跑到花园里砍倒了一棵美丽的樱桃树。他的爸爸看到被砍的樱桃树怒不可遏，质问乔治是不是砍了树。据说小乔治是这么回答的："爸爸，我不能说谎。是我砍的。"故事的真实性有待商榷，但是这则故事流传了下来是因为它蕴含了一个我们都十分认同的理想状态：不顾自身代价地执着于真相。在这个故事中，说谎者令人切齿，因为他们试图为了微小的个人利益逃避必要且重要的真相。

但是好人不会为了自身利益而说谎。他们不是为了保护自己，也不是出于虚伪而对事实不忠，他们说谎是因为他们极度热爱真相（这个说法乍一听可能有些矛盾），是出于对受骗者的好意而为之。

在某些情况下，我们乐于承认谎言的重要性。比如，你去年事已高的阿姨家做客，阿姨对自己制作香草糖霜胡萝卜蛋糕的天赋很自豪，但是她早已过了掌握这项手艺的鼎盛时期，现在的她已经记不清步骤了，有时还会忘了冰箱里的黄油已经放了多久。做成的蛋糕自然难以下咽。但是，我们很有必要让她觉得自己仍然可以取悦他人。这就是你说谎的原因。

说这种谎不是出于保护自己，而是出于对更深层的真相的忠诚——对阿姨的爱——如果完全开诚布公，阿姨就会受到打击。一个伟大的真相必须通过一个微小的谎言才能进入另一个人的内心，这是常常出现的情况。

谎言之所以必要，是因为我们总会产生不幸的联想。当然，我们完全有可能一边深爱着某人，一边认为他们不善于烘焙。但对我们而言，排斥我们所做的蛋糕往往等同于排斥我们的为人。因为我们的思维过程中存在这样的愚钝，我们迫使任何还算得体的人对我们说谎。上述情况里，正是因为阿姨迫使我们说谎（"如果你不喜欢我做的蛋糕，你就不喜欢我"），我们不得不讲一两句假话（"我喜欢你做的蛋糕"），以此保证更深层的真相（"我喜欢你"）不受连累。

　　同样的原则还体现在更复杂的情况中。假如一位女士出差参加会议，某天晚上，她和外国同事在酒吧愉快交谈过后，跟他回到酒店同榻而卧。两个人并没有进行鱼水之欢，但度过了一段欢乐的时光。他们亲密交谈，双腿相抵。他们几乎不会再见了。这晚的所作所为不是为了开始一段长久的感情，也几乎没有任何意义。这位女士回家后，她的丈夫问起这一晚她是怎么度过的，她会说，自己一个人在房间里看了CNN[1]的节目，还叫了

[1]　即 Cable News Network，美国有线电视新闻网。

一份俱乐部三明治。

　　她会说谎是因为她十分了解自己的丈夫，能够猜到他知道实情以后会有何反应。他会心如刀割，会认为妻子已经移情别恋，除了离婚别无他法。

　　然而，这种判断可能与事实并非全然相同。实际上，一个人完全有可能深爱着某人，却隔三岔五与他人行敦伦之事。但是，善良的人理解不忠与无情之间存在一种根深蒂固的、在社会中被普遍认同的内在关系。几乎对所有人来说，"我和新加坡来的同事共度了一晚"（真实情况）会等同于"我不再爱你了"（错误判断）。因此，为了维护更深层的含义："我仍然爱你"（相当真实的情况），我们不得不说"我没有和任何人发生关系"（虚假情况）。

　　尽管好人深爱真相，他们也要做更重要的事：友善地对待他人。他们理解（并且考虑到）真相能够轻易地在他人脑中产生无益的想法，因此不会在每件事上都极力追求真实。他们的忠诚留给在他们看来比一字一句的叙述重要得多的东西：听众的理智和愉悦。他们明白，诚实不在于把真正发生的事情一字一句地讲出来，而是确保在说完之后，听者能够构想出真实的情况。

由于考虑到他人听到实情后是否愉快，他们只有在发现别人察觉不出自己的谎言时才会选择说谎。他们知道谎言被发觉后会导致他人的发难，而且这种发难还是合情合理、无法辩驳的。对方会推断出另一种更加离谱的结论：原来，你不仅仅"不爱我了"（第一个错误），你还"因为不爱我而对我说谎"（第二个更离谱的错误）。

听了善意谎言的由来，你可能会认为其间的逻辑故意表现得为人着想。但是这只是因为我们不愿承认自己内心的脆弱。我们可能会认为尽管真相十分伤人，自己仍然能够迎头面对。我们可能会坚持认为，无论别人究竟做了什么，他们都应该一五一十地交代清楚。可是我们往往低估了自己多么容易因情感而积郁。这就是为什么我们不仅仅需要常常制造谎言，还应该热烈地希望他人时不时地对我们说谎，同时默默期待着我们永远也不会发现真相。

八　如何善于聆听

善于聆听是任何人都可以掌握的一项至关重要又令人神往的生活技能。但是，很少有人知道应该如何聆听。这并非因为我们本性邪恶，而是因为无人传授要领，也少有人能聆听我们的心声。于是，当我们走进社交圈中时，我们宁可贪心倾诉也不愿聆听。我们积极结识他人，却不愿为其侧耳，友谊因此沦为了一种展现自我的社交手段。

如同大多数事情一样，聆听的缺失可以从教育中找到原因。在我们的文明里有许多探讨说话艺术的巨作，如古时西赛罗的《演说家》及亚里士多德的《修辞术》。但不幸的是，没有人曾写过《聆听者》这样的书。善于聆听的人的某些特点能够让人享受有他们陪伴的时光。

我们不一定能意识到，我们的谈话常常通过一些不吐不快但又莫名其妙的话题展开。我们被工作困扰；我们漫不经心地思考着充满雄心壮志的职业规划；我们不确定是否要那样做，不确定那样做是否正确；我们的一段感情现在岌岌可危；我们因某件事感到心烦意乱或者面对生活时郁郁寡欢（却没能想出究竟是哪里出了错）；或者还有可能我们对某件事十分狂热，但找不出产生热情的理由。

从本质上来看，上述事情都需要进行一番剖析。善于聆听的人知道，如果我们找人谈心，理想的情况是，我们的心境就能够从困惑不安转向专注宁静。我们可以和聆听者一同找出真正的问题所在。但是在现实中，这种情况往往不会发生。因为，人们对通过谈话来厘清问题的欲望没有足够认识，能够胜任的优秀聆听者对倾诉者而言也是少之又少。人们往往妄下断言而不会细细分析。人们变着花样阐述自己的担忧、激动、悲伤、希望，而和他们谈话的人只是默默地听着，不会帮助他们深入分析内在原因。

善于聆听的人用一系列沟通技巧应对这一现状。当对方在倾诉时，这些聆听者在对方身边给予支持，还做出一些温柔、积极的举动：同情地叹气，点头鼓励，"嗯嗯"两声表示感兴趣。每时每刻，他们都鼓励对方深入谈论问题。他们喜欢说："跟我多说说……""你说的……我很感兴趣""你觉得为什么会这样呢？""你对这件事感觉如何？"

善于聆听的人认为，在交流中遇到含糊不清的事情是理所当然的。他们不会对此加以指责，也不会就此结束话题或变得不耐烦，因为他们认为含糊不清是一种常见的、至关重要的心灵困扰，需要真正的朋友帮忙解决。善于聆听的人永远都知道了解自己的想法有多么困难，又有多么重要。我们在谈及真正困扰或激励我们的事情时常常不得要领，善于聆听的人鼓励我们一五一十地、详尽深入地叙述，他们知道我们会大大受益于此。我们需要这样的聆听者，他们不急于打开新话题，而是用带着神奇魔力的两个字问你"然后……"。

你说到自己的兄弟姐妹，他们便会追问：儿时你们的关系如何？这些年来有什么变化吗？他们好奇我们为何忧愁，又为何激动，他们会问：为什么这件事令你这么烦恼？这有什么大不了的呢？他们把我们的过去记在心上，聊天时会提起之前我们说过的事情，我们会因此感到他们在与我们建立更深层次的互动。

说起含糊的概念是轻而易举的，我们会轻轻松松地说起某样东西可爱、糟糕、美好或烦人，但不会探究为何如此认为。善于聆听的人则会对我们脱口而出的评论提出善意而有效的质疑，表露出掩藏在背后的、更深层的态度。当我们说"我受够了这份工作"或"我和另一半正在闹矛盾"时，他们会帮我们分析我们究竟为何不喜欢这份工作或者为何起争执。

他们抱着将潜藏的问题厘清的决心，不会将你们的谈话当作交流八卦。他们会将边吃比萨边聊的这些话与苏格拉底的哲学相结合，而那其中就记录了苏格拉底试图帮助雅典同胞理解自己想法与价值的对话。

善于聆听者的关键举措在于，他们不会总是对说话人讲的每一个细节亦步亦趋，因为尽管说话人自己也不愿意如此，但他们有可能会在讲述过程中丢了重点或偏离主题。善于聆听的人知道自己的目的不是和说话人一起偏离主题讨论细枝末节，而是专注于说话人的主题，因此他们会带着一种有益的质疑。他们总是试图把说话人的思路引导到上一句合理的话上，他们会说，"对，对，不过你刚才在说……"或者"所以，最终你觉得这有关……"。善于聆听的人（用自相矛盾的话说）善于插话。但是他们不会（像大多数人一样）插入自己的观点，他们插话的目的是帮助他人重新回到原先那个更真诚，但更难捕捉的话题上。

善于聆听的人不会借机说教。他们十分了解自己的内心，不会因陌生而惊讶或恐惧。善于聆听的人清楚明白人类有多疯狂。这也是为何人们与他们交谈时总会感到自在的原因。他们给我们的印象是，他们了解并接受我们愚蠢的一面，当我们提出某种特殊的欲望时，他们保证不会抹杀我们的尊严。在这样竞争激烈的世界里，我们很难诚实地诉说自己的痛苦与痴迷。承认自己的失败或歪念意味着被抛弃。

善于聆听的人在最初就表明不会以此轻视我们。他们不会震惊于我们的脆弱，反而会对此嘘寒问暖。我们会轻易地以为自己受了奇怪的诅咒，变得绝无仅有地怪异和闻所未闻地无能。不过，善于聆听的人采用他们巧妙的一席话解释了正常人的正确含义，即正常人也会困惑糊涂，也是缺点多多的。这一番话不仅是为自己减负，更是为了帮助他人接受人类的本质，帮助他人看清成为一个糟糕的家长、伤心的恋人或是糊涂的员工并不是在作恶，这只是正常人都会有的特征，只不过，他人不公平地把这些特征从自己的公众形象中抹去了。

有这样善于聆听的人相伴左右，我们便有了极度的幸福体验。但常常，我们不明白究竟为何这样的举动会如此美好。通过揣摩这种满足感，我们可以学着去放大这种满足，并推己及人，让他人也感受到满足，被满足感治愈，然后如此往复。聆听称得上建设美好社会的一个关键因素。

九　如何心胸开阔

社交生活的一大显著特征是，我们遇见的大多数人都看似十分正常。他们常常表现出相当强的责任感与逻辑性，几乎不带一点自我厌恶或是冲动，能够用乐观向上的态度及对伴侣和生活的满足深深打动我们。

这与我们对生活的了解存在巨大、可怖的差异。成长到一定年岁之后，一旦我们回归自己的内心，便会对我们的性格特点产生一系列令人震惊和遗憾的认识：我们认识到自己有多么困惑、冲动、纵欲、不忠、吝啬、缺乏安全感、怪异。

我们对自己的认识与他人所表现出来的人性本质迥然不同，这一点让我们倍感困惑与痛苦。我们也许会好奇，为何自己这么奇怪，为何自己的生活如此艰难，为何自己的性格如此扭曲。

当我们成为广泛分布在各地的心胸狭隘大军中的一员时，我们的孤独感达到顶峰。尽管心胸狭隘之人满怀好意，但是他们仍然观察着人类本质中令人遗憾的方面所留下的痕迹，而且从一开始就做好准备，审视自己的外在形象。我们学着识别他们的否定，在他们身边尤其不敢露出一丝丝阴暗。这么做可以保护我们的名声，但却加重了我们潜在的、畸形的孤独。

相反，有一小部分人似乎一开始就能够十分自然地接受真实的我们，我们心怀感激地认为这一小部分人"心胸开阔"。他们没有特别大惊小怪，他们从一开始就认为，生而为人这件事本就混乱、肮脏，他们遇到的任何一个人都有可能存在不理想的，甚至近乎疯癫的方面。仅仅通过身为人类这一层身份，他们就推断出你一定想过并且做过许许多多狂野的、肆无忌惮的，有时还是令人扼腕的事情。他们不了解细节，但是他们能准确猜出事情的大概。他们平静地接受一个人表面上与私下里可能存在的巨大差距。对他们而言，一个人看似正常只是因为他们还不了解这个人。

心胸开阔之人并不惧怕人类本质，这有两个原因。其一，他们十分确信，每个人的感情和行为之间都存在着巨大的鸿沟。他们知道，我们的臆想大多永远无法成真，也因此不会给个人或社会带来实际的威胁。我们可能会花费大把时间幻想自己与死对头喊话，幻想自己如何放弃一切（而世界会对此表示遗憾），幻想暴力、野蛮，与文明毫不相干的性爱场面。但是，心胸开阔之人明白，臆想并不是为付诸实践做铺垫，而是取而代之。因此，确定了我们诡异的想法最终会被安全地埋藏进心中，我们便可正视这些想法，讨论这些想法，有时还可以一笑而过。不仅如此，这些审视不仅不会恶化这些想法，还有助于克制、消除这些想法。

其二，心胸开阔之人明白，虽然我们身上存在极为不好的方面，但这并不妨碍善良、谦逊、仁慈的品格同时出现在我们身上。他们对早期基督教思想家认为的"罪人"与"罪恶"之间的差异喜爱有加。就像圣奥古斯丁[1]一样，他们力求"爱罪人，恨罪恶"。他们明白我们有权施行善举，有权得到关注与友谊，这些权利不应该因为我们的阴暗面而被彻底剥夺。尽管心胸开阔之人可能并不希望好人心术不正，但若出现这种状况，他们也只会认为这是理所应当的。

心胸开阔之人的美好之处，不仅仅在于平静地将罪行视作生而有之，因此不在人们犯错时厉声指责，他们之所以心胸开阔，还在于他们能想象出人类进步的方式。他们坚定地认为，我们的进步不是通过彻骨生寒的指责得到的，而是通过温暖人心的宽恕实现的。

心胸狭隘之人也花心思在人的进步方式上，但是他们的教育理念涉及对人的羞辱与驳斥。心胸狭隘之人认为，人们只有足够憎恨自己，才算是开始打算改变自己。

然而问题在于，培养自我轻视的观念不仅仅残酷

---

[1] 圣奥古斯丁，罗马帝国基督教思想家。早期基督教教父及哲学家，曾任希波勒吉斯地区（现阿尔及利亚）主教。

无情，还有可能劳而无功。轻视自我往往会严重削弱意志，在其蹂躏下，我们陷入绝望、无能的境地。面对自我轻视的残害，我们可能会通过恶行寻求慰藉，以此逃避强烈的自我厌恶以及不受喜爱的性格特点。经由嘴唇的张合以及随之而来的沉默，心胸狭隘之人自行营造了大量带有副作用的孤独。在他们打造的世界中，我们身上至关重要的一部分必定永远不得其所，也永远无法得到救赎。

心胸开阔之人知道，我们大多数人心中已经充满了自我批评，我们不需要更多、更严厉的谴责，我们真正需要的是，在了解心灵的阴暗面之后，寻求帮助拓展自我。心胸开阔之人平静地接受我们身上陌生的一面，又敦促我们进步，他们为我们树立了榜样，告诉我们与自身建立一段理想的关系，应当一边力求鼓励本性中高尚的一面发扬光大，一边克服自己薄弱的一面。由此看来，我们迫切想与他们结成朋友的原因显而易见。

十 如何避免令人乏味

当我们步入社会，与他人交往时，我们会产生各种恐惧，其中一大挥之不去的恐惧，便是我们可能会令人乏味。

但是，好消息是，没有人是永远无趣的。这也是一条基本的真理。人们只有在无法理解深层的自我或者不敢（或不知如何）与人交流时，才会处在令人乏味的危险之中。

从来就没有天生乏味的人或事，这一点可以从艺术上得到印证。许多妙手丹青之作都不注重高尚或罕见的元素，而是用不同寻常的诚意与率真，展现平凡事物在别样视野之下的模样。例如，丹麦艺术家克里斯滕·寇克曾于一八三七年在哥本哈根市郊画下几幅草地风景画。从表面上看，草地平淡无奇，本不是作画的理想对象。但是，正如其他伟大的艺术家一样，寇克知道如何带着新意和豁达观察事物，再借由绘画这一媒介，将画笔化为针线，编织出一小幅描绘日常图景的杰作。

世间不存在索然无味的河堤、树木或蒲公英，同理，也不存在生而无趣的人。带着真诚而不带花样地探查人类，我们会发现人类从本质上看总是有趣的。我们认为一个人无聊乏味，指的只是那个人还未鼓起勇气或全心全意地向我们诉说真实的自我。相反，当我们成功地诉说自己真实的欲望、嫉妒、悔恨、哀痛以及梦想时，我们总是能够吸引他人。任何能够诚实诉说可能真实存在的信息的人，都有令人着迷的资本。有趣的人并不是在表面看来经历了趣事（环游世界、会见权贵、出席重大地缘政治场合）的人，也不是那些用学术语言谈论重大文化、历史、科学话题的人。有趣的人不过是那些细心体贴、了解自己的倾听者，他们如实记录着自己心灵的颤动，也能够因此如实阐述生命中的悲苦、激动与古怪。

那么，究竟是什么原因阻碍了我们变得跟理想中一样有趣呢？

首先，最关键的一点是，我们不愿相信自己的情绪最有可能勾起他人的兴趣。对于什么样的内容可以打动人心，社会上有一套惯常说法，我们出于沉稳以及习惯，会为了遵循得体但死板的陈规，把自己最有趣的认识搁置一边。当我们讲述起逸事，我们会把重点放在外在的细枝末节上：在场的人物、出发的时间、当时的气温，而不是鼓起勇气讲述藏在表面事实下的真实情感，比如那一刻的内疚、突然而至的情欲、丢人的生闷气、职业危机、凌晨三点那阵奇怪的幸福感。

我们对自身情感的忽视并不仅是不经意间的疏忽，而是经过深思熟虑后得出的策略。我们具有的一些认识会威胁到对尊严及常规的看法，运用这种策略则可以使我们的心灵免受其扰。我们对世界胡言乱语，是因为我们缺乏不屈不挠地密切探究世界内部的勇气。

我们很明显地感觉到，四十五岁的成年人远比五岁的孩子无聊得多。孩子们令人着迷的原因（远）不在于他们比成年人具有更多有趣的情感，而在于他们毫无保留地记录着自己的情感。涉世未深的他们仍然本能地忠于自己，他们会耿直地告诉我们自己对奶奶以及弟弟的看法、改变地球的计划以及每个人面对闻之色变的事物时应该作何反应。我们之所以会变得无趣，本性的作用远不如命中注定的一种意愿，而这种意愿在我们还处在青春期时就开始生根发芽。这种意愿便是：表现得正常。

　　就算当我们诚实面对自己的情绪时，我们仍有可能表现得无趣。因为我们并不如理想中那般了解这些情绪。因此，我们会声称自己带有某种情绪，而不会解释这种情绪的由来。我们极度强调某种情况"激动人心""糟糕透顶"或者"精妙绝伦"，但是却未能向我们身边的人提供任何相关的细节和事例，帮助他们切身理解这些情况。我们会变得无趣，与其说是因为我们不想分享自己的生活，不如说是因为我们不够了解自己的生活。

幸运的是，想要变得有趣既不为谁专属，也不依靠特殊的天赋，只要求我们明确方向、真诚专注。被我们称作有趣的人，从本质上看对我们在社交中极度渴望的事物十分敏感，即通过他人的眼睛毫无保留地观察人生这场短暂而清醒的梦境，从各自心中都有的困惑、古怪以及强烈的情绪中得到慰藉，明白我们并不是孤单一人。

十一　如何谈论自己

礼貌的人从小就被灌输一种观点：不要过多谈论自己。蜻蜓点水般交代几句之后，就应该表现出对他人生活的好奇，或者谈论从报纸上面读到的无关私人的话题，以此自证吸引力，以免对方用只专注于自我这项滔天大罪指责自己。

但是这项规矩未能区分谈论自己的不同方式。分享生活细节的方式本就有好有坏，就算是举止得当的人也有忘记的时候。产生问题的原因不在于一个人说话的多寡，而在于说话的方式。

讨论自我有一种独特的方式，尽管讲述过程漫长，但每每都为我们赢得朋友、安抚听众、安慰相爱之人、抚慰单身人士、赢得死敌的善意，这种方式就是：讲述自己的脆弱与错误。告诉对方我们失败过，我们心烦意乱，我们犯了错，我们的爱人并不深爱我们，我们孤单寂寞，我们曾祈祷结束一切苦难，似乎找不出比此更好的内容让他人了解我们了。

这一点常常被用来表明人的劣根性，但真相其实更加尖锐。当我们听到他人失败时，我们会深深地感到安慰，但不会表现得扬扬自得。当了解到并非只有我们会丢人地面对生活中骇人的艰辛时，我们往往会很宽慰。我们往往轻易地认为，在困难的复杂程度上，自己受到了与众不同的诅咒。媒体无休无止地报道他人在商业或创造上的成功，朋友不断地在谈话中微妙地夸耀起自己以及孩子的成就。我们鲜少在周边人身上找到类似的蛛丝马迹。

极端讽刺的是，这些自夸者并不想拉远我们。他们受一个令人动容但实则错误的印象误导，以为我们会因为他们的成功更加喜爱他们。他们因此卖力展示自己的成就。他们想创造一种建立在讨人欢心与成功之上的人际关系，并将之用于社交生活。但这种人际关系其实只适用于非常有限的几种场合中，可能当我们想要取悦爱人或者需要成功人士的帮助来推动事业发展时才如此。但是，这些自夸者却忘了，在余下的多数时间里，我们都将成功视作一个大问题。

我们费尽心思做到完美，但讽刺的是，真正吸引人的却是失败，因为他人急需得到外界的证据来证明让我们感到形单影只的问题：我们的性生活多么不正常，我们的职业生涯走了多少弯路，我们的家庭多么不尽如人意，我们一直以来都多么忧心忡忡。

显然，揭示这些伤口中的任意一种都会将我们置于危险的境地之中。他人会嘲笑我们，媒体会以此大做文章。但是这才是关键所在。通过揭示那些如果描述不当就会给我们带来耻辱的事情，我们与他人的距离被拉近了。友谊是一种对感激的回报，而这种感激来自一种承认，承认一个人通过谈话向他人提供了非常有价值的东西：不是一件奇特的礼物，而是一件更珍贵的东西，是获得自尊和尊严的关键。有一个令人感到极为辛酸的事实是：我们花费大把精力试图在世人面前表现出强大的一面，但是我们身上真正讨人喜欢的一面，能让我们从陌生人变成朋友的一面，其实只是我们揭示出的尴尬、悲伤、忧郁、焦虑的那部分自我而已。

十二　如何避免夸夸其谈

社交生活中的一种风险是，我们可能会在一场晚会中或在派对的厨房里和过于执着的人——或者说得口语一些，是和无聊的人——纠缠不清。他们可能会执着于各种事情，比如对语法（以及虚拟语气的滥用）表示极度关注；认为现代建筑把我们与自己的内心疏离开来；可能会对当代资本主义弱肉强食的本质感到恐惧；对环境变化带来的埋怨感到厌烦；可能会厌恶女性主义或者在生活的角角落落里探寻厌女症的踪迹。无趣者的想法并不一定都是错误的（他们可能会提出一些不错的观点），但我们不喜欢他们相伴左右的原因来自他们态度之强烈及无情。我们渴望他们安静片刻，给我们机会溜之大吉。

我们会觉得无聊之人十分无趣，有一部分的原因在于，我们察觉到他们并没有对我们全心全意地坦诚相待。他们当然会感到沮丧，但是他们并不会诉说真实的原因。我们从他们的说辞中感觉到他们强烈的情感并非出自他们口中的理由。他们可能会对私人话题避而不谈，只谈论政治、经济或者社会问题，但是直觉告诉我们，他们一定有着不为我们以及他们的意识所知的个人故事。

我们看似客观的、属于成年人的担忧，常常扎根于尘封已久的脆弱个人经历中，重新说起这些经历可能有些尴尬。这是一条众所周知的真理，无须为此难堪。可能，在我们年轻时，父亲的公司迁址去了东南亚，父亲因此丢了工作，虽然遣散费给得很多，但是被辞退一事却让家里人深深蒙羞；或者，公司里年轻时尚、对当代设计颇有兴趣的管理层在提拔人才时多次忽略我们；或者，我们曾深深喜欢一位女博士，她在朱丽娅·克里斯蒂娃[1]的团队中从事性别研究，对你表露过好感，但最

---

[1] 巴黎第七大学语言学教授，心理分析学家，女性主义批评家。

终投入了他人的怀抱。这些事情都会让我们沮丧一阵子。尽管它们还存在于我们的记忆中，试图利用伪装破土而出，我们却根本不愿意记起这些事情，更别说在派对上与刚认识的朋友谈起这些话题了。不过，我们都知道资本主义是最残酷、最不可持续的经济制度；也知道现代建筑丢脸地遗忘了传统古典主义中的庄严雄伟，如体现在布拉曼特和申克尔 [1] 作品中的古典元素；还知道女权主义者在有计划地摧毁发达经济体中男性挣钱能力的根基。

当我们碰见如此坚定的看法时，我们不是不想听，而是想了解更多内容，只不过需要换个方式：不要高谈阔论社会文化以及经济等抽象话题，而要深入自我进行探讨。这样做的目的并非出于打探，而是因为我们在社交时总希望能够遇到他人真实的一面，但这个愿望却难以得到满足。我们对他人的厌倦建立在一种无法容忍的

---

[1] 布拉曼特（Donato Bramante），文艺复兴时期意大利最杰出的建筑家，借用古罗马的建筑形式传达文艺复兴的新精神。卡尔·弗里德里希·申克尔（Karl Friedrich Schinkel），普鲁士建筑师、城市规划师，德国古典主义的代表人物。

不满之上，我们不满于他人不让我们靠近他们生活中真实的痛苦。

无聊的永远不仅仅是他人。在某些方面，我们自己也是无聊的人。当我们对自己的思想观念进行心理审视时，就会发现我们的担心来自个人体验，而这些体验实难定义，承认这些体验颇为骇人。

这警示我们在今后应该如何回应热情过度之人的话语。我们的任务不是对显然关键的话题迎面而上，而是柔和地尝试着把话题从原本的目标转向事件的起源上，充满怜悯地询问事情始发的时间以及有关个人内在的联系。

即使我们从未遇到上述情况，依我们的了解，我们也应该小心避免过多地与过于执着的人进行面对面的耗时冲突。试着列举原因证明资本主义并非最糟糕的经济体系、现代建筑有其独到之处、女性主义的存在是必然的，其实毫无意义。那么做是将对方的愤怒视作一种愚昧，还认为用一两个巧妙想法就可以解决这种愚昧。善良的健谈者是带着同情心的悲观主义者。他们接受这种事实：我们的某些信念深深缠绕于恐惧、焦虑的那一部分心灵中，除了心理医生，没有人会愿意接受这样的我们。

我们清楚地知道，认为别人不如他们自己想象中那般有自知之明，听起来仿佛有些盛气凌人，我们忽视了在言辞中不为我们承认的个人伤疤扮演着复杂的角色，也许把这种角色牢牢记在心上其实更加慷慨。我们应该希望，下一次在我们自己针对减少使用握手礼节、在厄瓜多尔的殖民统治或者英语的变体发表长篇大论时，对方能够用我们曾施予的恩惠回报我们，透过表象询问我们个人的故事。

十三　身为小众的魅力

　　融入社会的愿望深深根植在我们的本性之中。我们是进化而来的社会生物，漫长的进化史强调了不出风头的重要性。秉性乖张之人总是等到最后才能享用到属于他的那口肉。我们沿袭先辈立下的规矩——随潮流，然后有肉吃。

　　如果我们因为自己的怪癖变得尴尬、孤独，这是可以理解的。我们不愿承认自己身上陌生的方面，我们克制自己，努力表现出比真实的自己更融入大流的一面。我们可能会说自己喜欢足球，因为一个成年人很难承认自己喜欢他物。我们会觉得自己在酒吧里必须点一杯威士忌，因为表露出自己真实的渴望——一杯牛奶——会让人非常费解。可能我们身边有些成年人其实对玩具火车颇有兴趣，还加入社团想要了解更多信息；可能我们发现戴着一款老式手表能够增强性爱的欢愉程度；可能我们想要在假日里偷偷参观当地的水化学工厂。当考虑到生活的其他方面时，怪癖的怪异程度还会增强。如果我们是一家法律公司的税务专家，那么宣布自己对社会主义饶有兴趣则显得十分奇怪；如果我们是工程专业的学生，则很难开口对同学说想成为一名木偶手艺人；如果我们是空乘人员，当我们说起自己对本杰明·迪斯雷利[1]小说的喜爱之情时，无论是高谈阔论还是随口谈起，同事都有可能会感觉很糟糕。

正是出于这层背景，当终于有人敢于公开表明自己的特别之处时，我们会喜不自禁。比如，当他们说起自己对跑车或者俄罗斯总统动了心，或者他们对病菌怕得要命，总是用脚推开公共浴室的门；当他们毫

---

[1] 本杰明·迪斯雷利（1804—1881），英国保守党领袖，两度出任英国首相，同时还是一个小说家，社会、政治名声使他在历任英国首相中占有特殊地位。

不尴尬地说起自己一整个周末都在放声大哭，原因可能是自己的职业生涯十分糟糕，也可能是认真对待的网恋对象年龄几乎是自己的两倍，还生活在另一片大洲上。

我们倒不是非得与他人分享这些嗜好与兴趣。分享这些能激发我们的喜悦，它允许我们把自己更好奇的一面展现出来。而分享者的自信鼓励我们因自己独特的、不愿启齿的情绪而感到自在。他们意识到自己的怪癖，与此同时泰然处之，他们让我们感觉自己也有可能对怪癖加以利用。他们通过发声的勇气，勾画出一幅有关人类本性的更精确、更宽慰人心的图画：人们察觉到，实际上，我们所有人在某些方面都是稀奇古怪的。相当不正常其实是非常正常的。

能自信讲述这些癖好的人确信我们所有人都做过程度同样奇怪（但种类各异）的事。他们认为，做过这些不同寻常的事情与此人是好人、值得被爱并不矛盾。通过愉快接受自己的怪异之处，他们打破了随大流与被视作好人之间的压抑关系，而这层关系常常让我们在心里苛责自己。

迷人的坦诚不仅仅是与人打交道的一种方式，还指导着我们如何在未来减少孤独感。

十四　社交技能的终极测验

我们拥有适当的社交技能，这一点十分容易想见，因为我们知道如何与陌生人谈话，而且时不时地还能逗得整桌人哈哈大笑。

但是有一个更复杂的测试，令人惊讶的是，它很有可能把我们难倒，这个测试就是：与陌生的孩子度过一段美好时光。从理论上来讲，这应该很容易办到。我们也曾是孩子，我们懂的知识比他们丰富，而且在他们眼中，我们掌控着一切：只要我们愿意，我们可以买二十六袋饼干，想什么时候睡觉就什么时候睡觉。

但实际上，与我们还不熟悉的小孩子打交道会让我们莫名地不自在。试想一下，到老板家中享用午餐后，老板留你一个人在厨房里陪她脸色说变就变的十岁儿子，或者走到游戏室里陪朋友的两个害羞的五岁女儿。我们可能会突然莫名其妙地变得笨嘴拙舌。

　　原因是孩子无法做出任何成年陌生人之间用来缓和社交活动的行为。孩子不会出于礼貌问我们都在忙些什么，他们对我们的生活不感兴趣，也不在意对我们来说至关重要的事物。他们不会谈论新闻，也不会谈论天气。他们通常不会过多地与我们谈论自己以及自己热衷的事物。如果我们问他们喜欢一个玩具或一场电影的原因，他们往往会茫然以对，说自己就是喜欢而已。

　　因此，尽管儿童十分可爱，成年人与儿童之间的顺畅沟通却存在着巨大的障碍，而且是难以克服、耐人寻味的。这也是为何与儿童相处可以作为检验某人是否充分掌握魅力与善良这门艺术的终极测验。

　　纵观文化历史，几则颇有意味的成年人与儿童融洽相处的例子颇能打动人心。法国哲学家蒙田曾发现，在（几乎开创了西方哲学的）苏格拉底的一生中，"最高尚"的便是，他在与儿童玩耍方面有着极高的天赋。苏格拉底会用几个小时的时间与儿童做游戏，让孩子骑在自己肩上，到了晚年尤为如此。蒙田还补充道，"这个方式很适合苏格拉底，因为哲学认为，一切活动皆与圣贤相称，并为圣贤增光"。

法国历史上最和善的君主之一，于一五八九年至一六一〇年执政的亨利四世，也同孩子有着非常亲密的关系。有一幕被著名画家安格尔（在两个世纪之后用画布）再现了出来。画中，西班牙大使前来会见亨利四世，却看到国王扮演成一匹马让孩子们骑。亨利四世没有马上停止和孩子们的游戏，而是让西班牙大使稍等片刻，这传达出一种强烈的信号：他认为，有时候成年人合乎情理的优先权应该让步。

在这些情况中感人至深的是，成年人并没有坚持使用他们在儿童身上显而易见的、由社会认可的力量。苏格拉底没有选择发表有关形而上学的演讲，亨利四世没有面无表情地坐在王位上讨论治理国家的方案。他们把自己众所周知的能力与威望搁置一边以示弱，就像当一段友谊岌岌可危时一方不得不表现出的模样。他们敢于对攻击不设防御，敢于完全暴露在可能会嘲笑他们"傻瓜"或者"不像话"的人面前，因为他们清楚地明白，只有当我们以脆弱、原始的一面不带掩饰地与他人脆弱、原始的一面打交道时，才能够产生友谊。

另外，这两位伟人知道如何在其他方面寻找与自己迥然不同的人身上的共同点。身为心理上的世界主义者，他们创造性地探寻着联系不同人之间的纽带，而不是寻找疏远两人的因素。他们能够凭借自己的性格优势，精准定位出仅仅来到世界几载的小朋友的开心与激动。

善于社交之人明白，人们身上包含所有人类的可能性（即使只表现出雏形），他们通过这一点感知陌生人的需求和观点。就算他们本人看似踌躇满志，他们也会知道如何与自己胆小羞怯的一面相处；就算他们在经济上获得了保障，他们也可以通过自己曾经焦虑的经历感受他人对金钱充满担忧的内心世界；就算他们的事业千回百折，他们也能毫不痛苦地找到自己心里渴望成功的那一面，并利用那一面的热情与职业生涯顺风顺水的人接触。

上述两位伟人与儿童的互动值得我们借鉴，我们应该学着以此与任何我们想要结识的人打交道，无论对方年龄几何。不过，由历史上的伟人为这种做法发声确实大有裨益。我们常常在他人面前退缩、不敢遵循心意与之接近，这让我们显得有些冷漠，但其实我们这么做的原因不过是害怕有失尊严。当我们停下试图给他人留下好印象的脚步，勇敢地踏出舒适圈，敢于偶尔表现得荒唐可笑时，一段友谊便诞生了，一种寂寞就消失了。

人生学校：美好的品格

[英] 人生学校 编著
陈鑫媛 译

图书在版编目 (CIP) 数据

人生学校 . 美好的品格 / 英国人生学校编著 ; 陈鑫
媛译 . — 北京 : 北京联合出版公司 , 2018.11(2018.11 重印)
ISBN 978-7-5596-2470-3

Ⅰ . ①人… Ⅱ . ①英… ②陈… Ⅲ . ①品德教育－青
年读物 Ⅳ . ① B84-49

中国版本图书馆 CIP 数据核字 (2018) 第 207938 号

On Being Nice

by The School of Life

Copyright © The School of Life 2017
Simplified Chinese edition copyright © 2018 by
United Sky (Beijing) New Media Co., Ltd.
All rights reserved.

北京市版权局著作权合同登记号 图字:01-2018-6422 号

选题策划　联合天际·综合产品工作室
责任编辑　龚　将　夏应鹏
特约编辑　张　林　谢浩华
封面设计　@broussaille 私制
版式设计　汐　和
内文排版　小圆子

未读
UnRead
-
生活家

出　　版　北京联合出版公司
　　　　　北京市西城区德外大街 83 号楼 9 层 100088
发　　行　北京联合天畅文化传播公司发行
印　　刷　北京联兴盛业印刷股份有限公司
经　　销　新华书店
字　　数　40 千字
开　　本　787 毫米 × 1092 毫米 1/32 4 印张
版　　次　2018 年 11 月第 1 版　2018 年 11 月第 2 次印刷
Ｉ Ｓ Ｂ Ｎ　978-7-5596-2470-3
定　　价　48.00 元

关注未读好书

未读 CLUB
会员服务平台